KB197943

MZ들을 위한
FTA
A TO Z

MZ들을 위한
FTA A TO Z

펴 낸 날 2025년 01월 14일

지 은 이 김호승, 천한결
펴 낸 이 이기성
기획편집 서해주, 이지희
표지디자인 서해주
책임마케팅 강보현, 김성욱
펴 낸 곳 도서출판 생각나눔
출판등록 제 2018-000288호
주   소 경기도 고양시 덕양구 청초로 66, 덕은리버워크 B동 1708호, 1709호
전   화 02-325-5100
팩   스 02-325-5101
홈페이지 www.생각나눔.kr
이 메 일 bookmain@think-book.com

• 책값은 표지 뒷면에 표기되어 있습니다.
 ISBN 979-11-7048-819-4 (03320)

BEST

베스트 관세법인 김호승, 천한결 지음

MZ들을 위한 FTA A TO Z

처음 FTA를 접하는 MZ도 쉽게 이해하는
실무 입문서

어려운 FTA 실무를 다양한 예시와 사례로 완벽하게 이해하기!

생각나눔

K-직장인의 하루는 너무 바쁜데요. 완벽한 서류, 적정한 업무 분장으로 꿈같은 하루하루가 지나가면 좋겠지만, 현실은 우당탕탕… 문제 해결의 반복입니다. FTA 원산지 업무의 특성상 수많은 구비 서류, 회사 전체 사업부의 협조가 필수이기 때문에 손이 정말 많이 갑니다. 그래서 원산지 업무를 담당하는 K-직장인의 어려움은 겪어본 사람만 압니다.

최근과 같이 미-중 무역 갈등, 우크라이나 전쟁, 미국 IRA (Inflation Reduction Act) 등 대외적인 변화로 기업은 복잡하게 얽힌 대외환경 속에서 생존을 위해 글로벌 공급망(GVC, Global Value Chain)을 재편하고 비용 절감을 모색하고 있습니다. 새롭게 재편된 국제질서 패러다임에서 자유무역협정(FTA, Free Trade Agreement)은 선택이 아닌 필수가 되었죠.

베스트 관세법인은 무역 업무의 최일선에서 고객의 문제를 해결한 경험을 바탕으로 FTA를 처음 접하는 MZ 사원부터 수험생, 학생들까지도 쉽게 이해할 수 있도록 FTA 핵심만을 정리했습니다.

책 발간에 아낌없는 응원을 주신 베스트 관세법인 모티베이터(Motivator) 서창길 대표님과 이원석 부대표님, 베스트 관세법인 직원분들, 그리고 CTO(기술이사) 윤성준 님께 감사의 인사를 전달 드립니다.

앞으로도 대한민국 수출 기업의 성장과 해외시장 진출을 적극적으로 지원하는 베스트 관세법인이 되겠습니다.

베스트 관세법인 컨설팅본부장

김호승 관세사

기업과 관세법인에서 FTA 컨설팅 업무를 해오면서 많은 실무 담당자분들이 원산지 관리 업무를 어려워하는 모습을 보았습니다.

우리나라는 현재 59개국, 21건의 FTA가 체결되었으며, 앞으로도 계속해서 FTA 경제 영토를 확대해 나갈 방침인 것에 반해 중소기업의 FTA 활용률은 그다지 높지 않은 실정입니다.

정부에서 추진하는 다양한 FTA 활용 지원 정책들이 있지만, 보다 더 가깝게 실무자 및 무역 관련 취업준비생들을 돕기 위해 책자를 발간하게 되었습니다. 본 도서는 FTA 협정 및 법령의 해석뿐만 아니라 실제 실무에 적용하기 쉽도록 여러 사례와 예시를 활용하여 독자 여러분의 이해를 최대한 돕고자 하였습니다.

발간에 도움 주신 모든 분께 감사 말씀을 드리며, 아무쪼록
이 책이 독자분들의 FTA 업무에 많은 도움이 되기를 바랍니다.

베스트 관세법인 FTA 컨설턴트

천한결 관세사

▌C O N T E N T S

PART III | 원산지 결정 기준

PART IV | 원산지 증명서 발급 및 서류

PART Ⅰ

FTA 개괄

PART I. FTA 개괄

1. FTA 실무자의 현실

직업의 특성상 여러 기업의 원산지 관리업무 담당자분들을 대상으로 상담할 일이 많은데요. 안타깝게도 기업 실무자분들은 FTA 업무를 별로 좋아하지 않습니다. 하긴 좋고 쉬운 업무가 어디 있겠느냐마는 FTA 업무는 사랑받지 못한 일 중 하나인 게 사실인데요.

왜 업무 담당자는 FTA 업무를 피하는 걸까요?

1) 원산지 업무부서

기업에서 원산지 업무를 관리하는 실무자는 FTA 업무와 관련된 부서가 다양하다는 사실을 알 수 있습니다. 고객사를 대상으로 원산지 증명서와 원산지 확인서를 발급하는 영업부서, 협력사에서 원산지 확인서를 수취하는 구매부서, 원산지 판정과 원산지 증명서 발급 및 인증 수출자 심사에 필요한 제조 공정이나 BOM(Bill of Material, 자재 명세서)을 작성하는 생산부서 등 FTA 업무는 회사에 소재하는 모든 부서의 업무와 관련이 있다 해도 과언이 아닙니다. 실제로도 회사마다 FTA 업무를 담당하는 부서는 영업, 품질 관리, 구매, 생산, 물류 등 가지각색입니다.

회사 각 부서의 담당자는 원래 고유의 업무가 있는데요. 현업에서 FTA 컨설팅을 수행하다 보면 FTA 업무'만' 담당하는 직원이 있는 기업은 극히 소수였습니다. 회사 업무 담당자는 자신의 고유 업무가 있는데 FTA까지 관리하는 전담자로 지정되면 업무가 가중되기 때문에 FTA 업무가 부담으로 느껴집니다.

왜 그럴까요?

그 이유는 FTA 원산지 관리라는 것이 우리 회사, 즉 자신이 소속된 부서의 업무를 벗어나 품목별로 고객사 및 협력사와 호흡이 찰떡같이 맞지 않으면 원활히 진행될 수 없기 때문입니다.

2) FTA 현업자 생활 엿보기

실제 현업에서 원산지 업무 담당자의 생활을 살펴보겠습니다.

① FTA 원산지 관리 담당자로 지정

베스트 회사 영업팀에서 근무하는 철수 사원은 이번 달부터 원산지 업무 관리 전담자로 지정되었습니다. 베스트 회사는 제조(구매 포함)한 물품을 직접 수출하기도 하고, 국내 고객사로 납품하기도 하는데요. 이전 업무 담당자에게 인수인계를 잘 받았고 새로운 업무를 맡았다는 생각에 자신감을 가지고 FTA 원산지 관리업무를 시작합니다.

② 고객사 요청

여느 때와 다름없는 평화로운 날, 고객사로부터 베스트 회사가 납품하는 모든 품목에 대해 '원산지(포괄) 확인서' 제출을 요청받았습니다. 품목 리스트를 살펴보니 베스트 회사가 제조한 물품도 있고, 단순히 구매 후 그대로 납품하는 물품도 섞여있네요. 역내산으로 원산지 확인서 발급이 가능한지 우선 살펴보라는 지시를 받았습니다.

③ HS 코드 검토

원산지 결정 기준과 판정을 위해서는 HS CODE가 필수입니다. 원산지 확인서 발급 대상 물품뿐만 아니라 원재료 HS CODE까지 확인해야 최종적으로 원산지 판정이 가능한데요.

인수인계서를 확인해 보니 HS CODE 품목분류가 되어있는 물품도 있지만, 안타깝게도 HS CODE 품목분류가 없는 경우가 상당히 많네요. 게다가 HS CODE가 있는 물품도 최근에 일부가 변경되었다고 하니 철수 사원의 고민이 늘어납니다.

④ 자재 명세서(BOM, Bill of Material) 수취

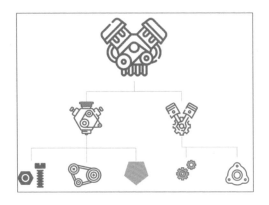

제품의 원산지 판정을 위해서는 BOM이 필요한데요. 영업팀 소속의 철수사원은 생산부서만 허용된 ERP(Entrerprise Resource Planning, 전사적 자원 관리) 접근 권한이 없기 때문에 생산부서에 자료를 요청합니다. 여기서 문제는 생산부서에서 제공한 BOM 양식이 원산지 판정을 위한 적절한 양식에 맞는지 여부입니다. 양식도 확인하고 불필요한 자재들이 포함되어 있는지도 확인해야 하죠. 예를 들어, A라는 제품을 생산하기

위해 a, b, c, d라는 원재료가 필요한데, 이 과정에서 a와 b라는 원재료를 사용해 제조 공정에서 a'라는 중간재를 만들었다면 a'는 BOM에서 제거해야 하는 작업을 따로 수행해야 합니다.

⑤ 구매, 매출 데이터 분석

원산지 결정 기준 중 부가가치 기준을 판정하기 위해서는 원재료의 구매 단가와 제품 및 상품의 판매 단가를 확인해야 합니다. 다행히 영업팀 소속의 철수 사원은 판매 단가를 쉽게 확인할 수 있는데요. 하지만 구매 단가는 모르기 때문에 이것 또한 구매부서에 연락해야겠네요.

⑥ 기존 원산지(포괄) 확인서 취합

요청받은 물품의 역내산 판정 확률을 높이기 위해 이전 전임자가 과거에 수취한 '원산지(포괄) 확인서'가 있는지 살펴봐야 하는데요. 아쉽게도 작년에 받은 원산지 확인서가 일부 있지만 포괄 기간이 종료된 물품이 많네요.

⑦ FTA 원산지 판정

원산지를 판정하고 역내산(KR)으로 원산지 확인서를 발급할 수 없는 물품은 원산지를 역내산(KR)으로 변경할 수 있는 방법을 찾아봐야 합니다.

HS CODE가 변경되지 않은 원재료나 부가가치 기준을 충족하지 못하는 물품 등을 역내산으로 전환하기 위해 원산지(포괄) 확인서를 협력사로부터 수취하거나 미소 기준, 중간재 기준 등 원산지 특례 기준을 활용하는 방법이 대표적입니다.

베스트 회사에서 원산지 관리를 전담하는 철수 사원이 얼마나 많은 부서와 협업하는지 눈에 보이시죠?

원산지 증명서 발급부터 협력사로부터 원산지 확인서를 수취하는 업무 등 하나하나 손이 많이 가는 업무의 연속입니다. 또한 협력사가 FTA 관련 내용을 모르는 경우도 있고, 협력사에서 받은 확인서도 올바른 형식을 갖추었는지 검토해봐야 합니다.

처음부터 낯선 용어가 많이 나와서 당황하실 수 있는데요. FTA 용어와 절차를 이 책에 모두 담았으니 필요할 때마다 꺼내보고 활용하시면 복잡한 FTA 문제도 쉽게 해결할 수 있습니다.

2. FTA 살펴보기

1) 의미 및 중요성

출처: 한겨레 신문

　자유무역협정(FTA, Free Trade Agreement)은 국내에서 거래하는 방식과 동일하게 국가 간 무역에서도, FTA 협정을 체결한 국가 간에도 국경을 허물고 경제를 통합하는 것을 목표로 합니다. 즉 경제 영토를 자국 영역에서 협정국 체약 국가로 확대하는 것을 목표로 하는 협정입니다.

　사전적 의미로는 "특정 국가 간의 상호 무역 증진을 위해 상품 및 서비스 이동을 자유화하는 협정으로, 국가 간 관세 및 비관세 무역 장벽을 완화하거나 철폐해서 무역 자유화를 실현하기 위한 양국 간 또는 다자간 체결하는 특혜 무역협정"
인데요.

양국 간 체결한 FTA의 대표 사례로 한-미 FTA가 있고,
다자간 체결한 FTA 사례로 RCEP이 있습니다.

한마디로 FTA를 체결한 국가들끼리 잘 먹고 잘 살기 위
해 체결한 무역협정이 FTA입니다. FTA는 과거 유럽연합(EU)
이나 북미자유무역(NAFTA) 등과 같이 인접 국가나 일정 지역
을 중심으로 이루어져 흔히 지역무역협정(RTA: Regional Trade
Agreement)이라고 했는데요. 현재는 CEPA(Comprehensive
Economic Partnership Agreement, 포괄적 경제동반자협정),
EPA(Economic Partnership, 경제연계협정), SECA(Strategic
Economic Complementation, 전략적 경제보완협정) 등의 명칭으로 체
결되기도 합니다.

해외에서 발생하는 통관 애로사항으로 FTA 원산지와 관련
한 문제가 압도적으로 많은데요. 원산지 증명서 내용 불인정
과 전산시스템 전송 에러가 가장 빈번하고 다음으로 원산지
결정 기준, 품목분류 관련 통관 지연이 잇따르고 있습니다.

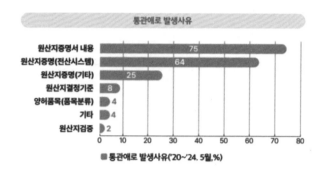

통관애로 발생사유

항목	값
원산지증명서 내용	75
원산지증명(전산시스템)	64
원산지증명(기타)	25
원산지결정기준	8
양허품목(품목분류)	4
기타	4
원산지검증	2

■ 통관애로 발생사유('20~'24. 5월,%)

2) FTA 협정 구성

일반적으로 FTA를 '수출입 상품'의 관세인하나 무역 장벽을 철폐하는 수단으로 생각하는데요. 상품 분야의 무역 자유화나 관세인하 등에 초점을 맞춘 협정 방식이 전통적인 과거 FTA 협정 체결 방식입니다.

현재 대부분의 FTA는 상품에 대한 관세 등 철폐 외에 서비스, 투자 자유화, 지식재산권, 정부 조달, 무역 구제제도 등 협정의 대상 범위가 포괄적으로 넓어졌습니다.

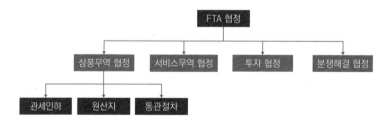

FTA 협정 범위

FTA 협정문 체계는 전문(Preamble), 협정 본문(Chapter), 부속서 (Annex), 부록(Appendix), 서한(Letter) 등으로 구성되어 있습니다.

전문(Preamble)	협정 체결의 일반적인 목적을 선언적으로 규정
장(Chapter)	분야별로 분류하며, 주요 합의 내용을 협정 본문에 규정
부속서(Annex)	분량이 방대하거나, 협정문 본문에 두는 것이 적절치 않은 특정 분야의 합의 내용을 구성
부록(Appendix)	부속서 내용 중에서도 보다 구체적이고 기술적인 세부 내용을 규정
서한(Letter)	협정 내용의 해석이 다를 경우를 대비하여 협상 과정에서 합의한 해석 내용 등을 확인하는 서한 형태의 문서

FTA 협정문 체계

이번 책은 현업 실무자에게 직접적으로 관련 있는 관세인하 등 상품무역 협정에서 규정한 내용을 중심으로 설명하겠습니다.

3) FTA 탄생 배경

대한민국이 FTA를 체결한 나라(59개국)들과 교역하는 수출입 비중은 수출 82%, 수입 75%(23년 기준)입니다. 그야말로

FTA가 우리 국가 경제의 중심이라고 할 수 있는데요.

"역사를 잊은 민족에게 미래는 없다"는 말이 있듯이 FTA
탄생 배경에 대해 알아보고, FTA 무역 환경에서 앞으로 나아
가야 할 방향에 대해 살펴보겠습니다.

① 제2차 세계대전으로 인한 금융 통화, 무역체제 붕괴
제2차 세계대전으로 전 세계는 말 그대로 쑥대밭이 되었습
니다. 전쟁을 위해 국가들은 군비 조달을 목적으로 화폐를
무제한으로 발행해서 급격한 물가 상승인 '초강력 인플레이션
(Hyper-inflation)'을 겪었습니다. 전시 상황에서 각국은 자유무
역 기조에 반대되는 보호무역 정책을 펼쳤고, 세계경제는 점
차 무너지고 있었습니다.

② 전후 금융 & 무역 정상화 노력
제2차 세계대전이 연합군의 승리로 기울어지면서 연합국
정상들은 이렇게 생각합니다. '또다시 전쟁하면 세계가 다 같

이 망해서 원시시대로 돌아갈 수밖에 없겠다.'라고 말이죠.

출처: 위키백과

전 세계 정상들은 세계대전의 재발을 막고 전쟁으로 초토
화된 세계경제 환경을 원상 복구하기 위해 1944년 뉴햄프셔
주(州) 브레튼우즈에서 국제무역과 금융 통화를 담당하는 세
계기구를 각각 설립하는 결정을 내립니다.

무역 담당 세계기구	국제무역기구(ITO, International Trade Organization)
금융 통화 세계기구	국제통화기구(IMF, International Monetary Fund)

제2차 세계대전 후 설립된 국제기구

우리가 1997년 외환위기를 통해서 직접 경험한 IMF는 최
초 설립 이후부터 지금까지 정상적으로 작동하고 있는데요.

ITO는 달랐습니다. 설립 목적이 불분명하고, 탁상공론적인

규약 내용으로 인해 세계 각국의 비준을 얻지 못했습니다. 결정적으로는 미국 상원이 비준 동의를 거부하면서 결국 출범 자체도 못하고 무산됩니다.

③ GATT 체제 출범(WTO 최초 모델)

국제무역기구(ITO)는 무산됐지만, 여전히 세계 각국에서는 국제무역 규범을 원하고 있었습니다. 이러한 목소리를 반영하여 무역 거래에 직접 적용되는 '관세교섭' 부분만 독립해서 규정한 국제무역협정을 최초로 출범합니다. WTO 최초 모델인 '관세 및 무역에 관한 일반협정(GATT, General Agreement on Tariffs and Trade)'은 이렇게 탄생했습니다.

1947년 미국을 비롯해 23개국이 함께 출범해서 탄생한 GATT는 1993년까지 116개국이 가입하며 국제적인 무역규범으로 정착했습니다(한국은 1967년에 정회원으로 가입했습니다).

GATT 협정은 주로 공산품에 적용하며, 관세 및 비관세 (각종 규제) 철폐를 목표로 했습니다. 핵심 내용으로는 최혜국 대우 원칙(MFN, Most Favored Nation treatment)과 내국민 대우 (National Treatment)가 있습니다.

최혜국 대우	최고혜택을 받는 국가를 기준으로 다른 나라도 동일하게 최고 혜택을 적용하는 규정입니다. 최혜국 대우에 따르면 A 국가 수입 시 관세 10%를 부과하고 B 국가에서 수입 시 관세 5%를 부과한다면 A 국가 수입 시에도 10%가 아닌 5% 관세를 적용해야 합니다.
내국민 대우	외국인에게만 적용되는 별도의 차별적인 관세 부과 절차를 만들지 않고, 내국인에게 적용되는 절차를 그대로 외국인에게도 적용하는 규정입니다.

GATT 핵심 규정

GATT는 법인격이 있는 기구 없이 협정체제로 운영되었습니다. 스위스(제네바)에 본부를 둔 법인격 있는 WTO와는 차이가 있습니다.

④ GATT 체제 한계

출처: ESPN

UFC, 복싱 등에서 사용하는 1라운드, 2라운드에 대해 들어보셨죠. 국제통상에서 사용하는 라운드(Round)도 비슷한 의미입니다. 국제통상에서 의미하는 라운드는 수출입 이해당사국이 국제 통상 및 무역과 관련한 의제를 논의하는 협상을 뜻합니다. 사실 말이 협상이죠. 각 국가는 협상 방향을 본국에 유리하도록 이끌기 위해 치열한 각축전을 벌입니다.

GATT 체제가 출범하고 총 8차례 라운드가 진행되었습니다.

순번	연도	라운드명	주요 논의	특징
1	1947년	제네바 라운드		GATT 탄생을 선언
2	1949년	앙시 라운드		–
3	1951년	토키 라운드		전쟁 직후의 25% 관세 감축을 결정
4	1956년	제2차 제네바 라운드	관세 절감	개발도상국을 협정 대상국으로 참여할 것을 독려
5	1960~62년	딜론 라운드		유럽경제공동체(EEC, European Economic Community) 창설 논의
6	1964~67년	케네디 라운드		선진국의 관세율 평균 35% 대폭 인하, 반덤핑 및 관세 평가 합의
7	1979년	도쿄 라운드	무역 전반 (관세, 서비스, 정부 보조 등)	비관세 장벽과 세계 교역체제에 대한 개혁을 시도한 최초 라운드
8	1986~94년	우루과이 라운드		WTO 체제 탄생

GATT 라운드

GATT 체제는 관세인하 측면에서 부분적으로 성공했지만, 한계도 존재했습니다. 선진국들은 자국의 이익을 위해 관세

인하 대신에 각종 비관세 장벽(NTB, Non-Tariff Barriers)를 남발
하면서 자국의 이익을 계속 챙기고 자유무역과는 반대되는
행동을 했습니다. GATT는 법적 기구도 아니고 강제력이 없
었기 때문에 세계 자유무역과 반대되는 이러한 행태를 제재
할 수가 없었습니다.

결국 1994년 4월 모로코 마라케시에서 개최한 우루과
이 각료회의에서 무역사에 유명한 '마라케시 선언'을 합니다.
이 선언을 통해 1995년 1월 1일 자로 GATT 체재를 대체할
WTO(World Trade Organization)가 공식 출범했습니다.

⑤ WTO 체제 운영 & 한계

WTO 체제는 협정국이 약속을 이행하지 않으면 WTO 분
쟁 위원회에 제소하는 등 법적 강제력을 부여했습니다. 세계
각국은 드디어 강력한 국제무역 규범이 탄생할 것이라는 희
망회로를 돌렸죠.

하지만 WTO 체제도 결국 GATT와 같이 세계 각국이 참여하는 '다자간 무역협정'이라는 사실이 발목을 잡았습니다. 2023년 기준으로 WTO에 가입한 국가는 164개 국가인데요. 무역에 대한 논의를 거치기 위해서는 WTO 회원국의 전원 찬성이 필요한데, 전 세계 국가 간 복잡하게 얽힌 이해관계를 만장일치로 해결하기는 불가능에 가까웠죠.

세계무역 시장도 생존을 위해 약육강식의 논리가 작용합니다. 각국 정치 지도자들은 자국의 이익을 위해 치열하게 싸우는데요. 대표적으로 선진국과 개발도상국 간 농산물과 의약품 무역 갈등이 있습니다.

농산물 갈등	선진국은 자국의 대기업 농업회사들의 이익을 지키기 위해 농업 보조금을 지원했고, 세계적으로 농산물 공급 시장을 장악하여 농산물 시장가격을 주도했습니다. 선진국에 있는 기업농들은 시장가격과는 별도로 지급되는 정부 보조금으로 높은 소득을 올릴 수 있는 반면 개발도상국에 있는 다수의 소규모 농업 종사들은 선진국이 주도하는 시장가격에 휩쓸려 낮은 소득수준을 벗어나지 못하게 됐습니다.

의약품 갈등	생명과 직접적으로 관련이 있는 의약품 시장은 자유무역으로 해결할 수가 없는 영역인데요. 코로나 치료제와 같은 의약품을 제조할 수 있는 기술은 선진국에 있지만, 코로나 치료가 필요한 환자는 전 세계 곳곳에 있기 때문에 인도적인 지원이 필요하죠. WTO 체제에서 선진국에 소재하는 다국적 제약회사들은 치료제 등 의약품을 높은 가격으로 출하해서 높은 수익을 얻지만, 개발도상국은 가난을 넘어 생존까지 위협받는 상황에 처하게 됩니다.

WTO 선진국과 개발도상국 간 무역 갈등

결국 WTO 체제는 복잡한 세계 각국의 이해관계로 인해 지속될 수 없었습니다.

2001년부터 WTO가 주최하여 시작한 다자간 무역협상인 '도하 개발 라운드(DDA, Doha Development Agenda)'는 각국의 이해관계로 인해 현재까지도 타결되지 못하고 있습니다.

⑥ FTA 협정 출범

세계무역 환경은 엄청 빠른 속도로 변하고 있는데, WTO는 20년이 넘게 회의만 하고 있으니 무역으로 먹고사는 대한민국과 같은 나라는 답답하기 그지없습니다.

이러한 상황 속에 미국은 자국의 이익을 위해 다른 대안을 생각해냅니다. 허울뿐인 다자간 무역이 아니라 뜻이 맞는 협정 당사국(양자주의)끼리 관세 등 혜택을 직접 제공하는 '자유무역협정(FTA)'으로 경제블록을 만들기로 한 거죠.

FTA는 회원국 간에만 관세인하 등 혜택을 제공하고 비회원 국가에는 이를 적용하지 않습니다. WTO 체제에서 규정하고 있는 '무차별 원칙'을 위반하는 것으로 보일 수도 있는데요. 하지만 WTO는 FTA가 비록 제한적으로 '무차별 원칙'을 위반했지만, FTA도 자유무역의 일종이고 궁극적으로 세계무역 자유화에 기여한다고 인정해서 FTA를 허용하고 있습니다 (WTO도 미국 등 선진국이 주도하고 있으니 강대국의 입김이 아닐까요).

2000년 이후로 전 세계 국가들은 '자국의 경제적 이해관계나 정치 및 외교 상황'을 고려해서 적극적으로 FTA를 추진하기 시작해 현재는 FTA가 글로벌 무역의 표준이 되었습니다.

1997년 외환위기가 발생하면서 IMF는 대출 요구 조건으로 '낙후산업 구조조정, 조속한 자유무역을 통한 시장 개방'을 강제했고, 한국 정부는 무역 정책 방향을 보호무역에서 자유무역 쪽으로 선회합니다.

정부는 FTA 경험이 많은 칠레를 벤치마킹하기 위해 첫 FTA 협정 상대국으로 선정했고, 1999년 협상을 시작해 2004년 '한-칠레 FTA' 비준 동의안을 가결하면서 대한민국 제1호 FTA를 발효했습니다.

3. FTA 체결 장·단점

FTA가 만능 치트키라서 현재 전 세계 국가가 앞장서서 활용하고 있는 걸까요? FTA는 장점만큼이나 단점도 있는데요. 'Free(자유)'라는 단어 자체가 주는 의미로 인해 장점과 함께 단점이 함께 존재합니다.

1) 장점: 경쟁우위 시장 확대 & 소비자 후생 증대

관세 및 비관세 장벽 등이 완화되거나 철폐되면 우리나라가 세계에서 경쟁력을 가지고 있는 산업(반도체, 조선, 자동차 등)이 해외시장으로 적극적으로 진출할 수 있습니다. 경쟁 국가보다 더욱 저렴하고 간편한 방식으로 수출이 가능하기 때문에 수출기업의 수익이 증대되고 국가 경쟁력도 향상되겠죠. 외국 자본이 세계 무대에 진출한 국내 기업에 직접투자(FDI, Foreign Direct Investment)도 할 수 있습니다.

국내 소비자는 FTA를 통해 품질 좋고 저렴한 해외물품을 수입해서 사용할 수 있습니다. 국내 소비자 선택지가 넓혀지면서 국민 전체의 만족도가 향상되죠.

2) 단점: 주요 산업 종속화

장점을 반대로 뒤집으면 FTA 단점이 됩니다. 경쟁력이 뒤떨어진 국내 산업이 해외의 경쟁력 있는 기업에 종속될 수 있습니다. 특히 우리나라는 농축산업 분야에서 세계적으로 경쟁력이 떨어지는데요. 국내 농축산물보다 낮은 가격에 품질까지 좋은 수입 농축산물이 국내에 수입되면 국내 농축산물 시장은 줄어들다가 소멸할 수 있습니다. 생존과 직결되는 먹거리가 해외 국가에 종속되면 해외 국가는 언제든지 먹거리를 빌미로 과도한 요구를 할 수 있기 때문에 FTA에 따른 '식량 무기화'를 항상 경계해야 합니다. 한국 정부는 음식 등 국민의 삶에 직접적으로 영향을 미치는 품목에 대해서 국내 기업에 보조금을 지원하고, 고율의 관세를 부과하는 등 다양한 방식으로 대처하고 있습니다.

4. FTA 체결 현황

출처: 산업통상자원부

  대한민국은 2004년 한-칠레 FTA 발효 이후 주요 시장을 중심으로 FTA 네트워크를 확장해서 24년 현재 21개 FTA(59개국) 협정을 발효했습니다.

  FTA 체결 효과를 극대화하기 위해 상품 분야의 관세 철폐와 함께 서비스 투자, 정부 조달, 지식재산권, 기술표준 등 다양한 규범을 협정에 담고 있습니다.

협정국	발효일	의미
칠레	2004.04.01.	최초의 FTA, 중남미 시장 교두보
싱가포르	2006.03.02.	ASEAN 시장 교두보
EFTA[1]	2006.09.01.	유럽시장 교두보
ASEAN[2]	2007.06.01. (협정별 상이)	우리나라 제2의 교역 대상 거대 경제권과 체결한 최초 FTA
인도	2010.01.01.	BRICs 국가 최초 계약
EU[3]	2011.07.01.	세계 최대 선진 경제권
페루	2011.08.01.	자원부국, 중남미 진출 교두보
미국	2012.03.15.	세계 최대 경제권
튀르키예	2013.05.01.	유럽, 중앙아시아 진출 교두보
호주	2014.12.12.	자원부국, 오세아니아 주요 시장

1) EFTA(European Free Trade Association, 유럽자유무역연합): 스위스, 노르웨이, 아이슬란드, 리히텐슈타인(4개국)

2) ASEAN(Association of Southeast Asian Nations, 동남아시아 국가연합): 말레이시아, 싱가포르, 베트남, 미얀마, 인도네시아, 필리핀, 브루나이, 라오스, 캄보디아, 태국 (10개국)

3) EU(European Union, 유럽연합): 오스트리아, 벨기에, 영국, 체코, 키프로스, 덴마크, 에스토니아, 핀란드, 프랑스, 독일, 그리스, 헝가리, 아일랜드, 이탈리아, 라트비아, 리투아니아, 룩셈부르크, 몰타, 네덜란드, 폴란드, 포르투갈, 슬로바키아, 슬로베니아, 스페인, 스웨덴, 불가리아, 루마니아, 크로아티아(28개국)

캐나다	2015.01.01.	북미 선진 시장
중국		우리나라 제1의 교역 대상
뉴질랜드	2015.12.20.	오세아니아 주요 시장
베트남		제4위 투자 대상국
콜롬비아	2016.07.15.	자원부국, 중남미 신흥 시장
영국	2021.01.01	브렉시트 이후 한-영 통상 관계 지속
중미 5개국[4]	2021.03.01.	중미 신시장 진출
RCEP[5]	2022.02.01.	동아시아 경제통합 기여
이스라엘	2022.12.01.	창업국가 성장모델
캄보디아		동남아시아 시장 진출
인도네시아	2023.01.01.	

---

4) 중미 5개국: 파나마, 코스타리카, 온두라스, 엘살바도르, 니카라과(5개국)

5) RCEP(Regional Comprehensive Economic Partnership, 역내 포괄적 경제 동반자 협정): ASEAN 10개국, 한국, 중국, 일본, 호주, 뉴질랜드(15개국)

FTA는 개별 협정과 「FTA 특례법(자유무역협정의 이행을 위한 관세법의 특례에 관한 법률)」, 「관세법」이 적용됩니다. 법률을 적용할 때, FTA 개별 협정이 제일 우선 적용되며, 다음으로 특별법인 「FTA 특례법」이 보충하고, 「FTA 특례법」에서도 규정하지 않는 내용은 「관세법」을 적용합니다.

FTA 활용 방법

1. FTA 수출 활용

1) FTA 발효국 확인
  🔍 꿀TIP: FTA 협정별 영역 범위
2) HS CODE 세번 확인
  🔍 꿀TIP: 협정별 HS CODE 기준 확인(품목분류 버전 조견표)
  🔍 꿀TIP: 우리나라 수출신고필증 HS CODE와 수입국 요청 HS CODE가
    다른 경우
3) 관세 혜택 실익 분석
  🔍 꿀TIP: 수입 시 적용되는 대표 세율 3가지
4) 원산지 결정 기준 확인 & 판정
5) 원산지 증명서 발급
  🔍 꿀TIP: 원산지 증명서 정보 전자교환시스템 'EODES'
6) 증빙서류 보관하기(「FTA 특례법 시행령」 제15조)

2. FTA 수입 활용

1) 원산지 증명서 수령
2) 원산지 확인 및 신청서 작성
  🔍 꿀TIP: 원산지 증명서 HS CODE와 국내 수입 시 HS CODE가 다른 경우
3) 협정관세 적용 신청(수입신고)
  🔍 꿀TIP: 원산지 증명서 소급 발급 문구(「FTA 특례법 고시」 제28조)
  🔍 꿀TIP: 원산지 증빙서류 제출 면제(「FTA 특례법 시행령」 제4조 제3항)

PART II. FTA 활용 방법

이번 챕터는 수출자가 원산지 증명서를 발급해서 FTA를 활용하는 방법과 수입자가 해외에서 전달받은 원산지 증명서를 이용해서 FTA 특혜세율로 관세 등을 절감할 수 있는 절차(Process)에 관한 부분입니다. 원산지 증명서 양식과 각종 서류는 「Ⅳ. 원산지 증명서 발급」 챕터를 참고하세요.

1. FTA 수출 활용

1단계		2단계		3단계		4단계		5단계		6단계
FTA 발효국 확인	⇒	HS CODE 세번 확인	⇒	관세혜택 실익 분석	⇒	원산지 판정 증명서 발행	⇒	원산지증명서 발급	⇒	증빙서류 보관

1) FTA 발효국 확인

국내 수출기업은 해외 수입국과 FTA 발효 여부를 미리 확인해야 합니다. FTA 체결 여부는 다양한 사이트에서 확인할 수 있습니다.

기관	서비스 명칭	주소
관세청	YES FTA	https://www.customs.go.kr/ ftaportalkor/main.do
산업통상자원부	FTA 강국, KOREA	https://www.fta.go.kr/main/
무역협회	FTA 통합 플랫폼	https://okfta.kita.net/main

FTA 협정 발효국 검색 사이트

중국, 베트남 등과 같이 우리나라와 2개 이상 FTA 특혜협정을 동시에 체결하고 있는 '1국 다수 FTA 협정국'도 있습니다.

국가	발표협정
중국	한-중 FTA / APTA / RCEP
인도	한-인도 CEPA / APTA
베트남	한-베트남 FTA / 한-아세안 FTA / RCEP
싱가포르	한-싱가포르 FTA / 한-아세안 FTA / RCEP

1국 다수 FTA 협정국

1국 다수 FTA 협정 물품을 수출하고자 하는 경우에는 협정별 상대국 세율과 원산지 결정 기준 등을 비교해 상대적으로 원산지 증명이 유리하고, 원산지 관리비용을 절감할 수 있는 협정을 선택해서 원산지 증명서를 발급하면 됩니다.

예를 들어, 베트남으로 매니큐어(제3304.30호)를 수출하는 경우, 한-베트남 FTA(협정세율 8.8%) 또는 한-아세안 FTA(협정세율 20%) 모두 적용할 수 있지만, 세율 혜택을 위해 한-베트남 FTA를 사용하면 더 낮은 관세율(8.8%)을 적용할 수 있습니다.

Q 꿀TIP FTA 협정별 영역 범위

괌으로 수출할 계획이 있는 기업이 '한-미 FTA' 적용 가능 여부를 문의한 적이 있는데요. 괌으로 수출할 때, 한-미 FTA가 적용될까요?

한-미 FTA 적용이 불가능합니다. 한-미 FTA에서 미합중국의 영역은 50개 주, 콜롬비아 특별구 및 푸에르토리코 등만을 명시하고 있어, 괌 및 사이판 등은 한-미 FTA를 적용할 수 없습니다.

한-EU FTA	안도라공국(HS 제25류~제97류), 산마리노공화국, 세우타 및 엘리야를 원산지로 하는 제품도 협정관세 적용
한-미 FTA	미국의 영역: 50개 주, 콜롬비아 특별구 및 푸에르토리코 (괌, 사이판 등 그 밖에 미국의 자치령은 협정 적용 대상 아님)
한-호주 FTA	노퍽 섬, 크리스마스 섬, 코코스(킬링) 제도, 애쉬모어와 카르티어 제도, 허드 섬과 맥도널드 제도 및 코랄시 제도의 영역에서 생산물품 협정관세 적용
한-중국 FTA	홍콩 또는 마카오에서 생산물품 협정 적용 대상 아님 (중국과 별도의 관세 영역)
한-뉴질랜드 FTA	뉴질랜드의 영역에서는 토켈라우 제외

협정별 영역 범위

2) HS CODE 세번 확인

9505.10-0000

류(Chapter)
호(Heading)
소호(Sub-heading)

출처: 『미래를 준비하는 실전 무역물류 실무』

수출입 무역에서 사용하는 HS CODE 풀네임(Full name)은 'Harmonized Commodity Description and Coding System'으로, '국제통일 물품 번호 체계표' 정도로 이해하면 됩니다. 전 세계 국가의 언어와 문화가 다르기 때문에 국가별로 수출입 물품의 분류를 통일하기 위해 세계 공통으로 사용하는 아라비아 숫자를 이용해서 수출입 물품별로 번호를 붙였습니다.

품목번호(HS CODE)에 따라 FTA 세율과 원산지 결정 기준이 확정되기 때문에 정확한 품목번호(HS CODE 6단위) 확인은 정말 중요합니다.

HS CODE 6단위를 확인하는 이유는 전 세계적으로 HS CODE의 6단위까지는 동일한 체계를 가지고 있기 때문인데 요. HS CODE는 국제 공통으로 사용하는 6자리(류, 호, 소호까지)에 국가별로 최대 4자리까지 붙여서 총 10자리 길이로 사용합니다[우리나라 HS CODE인 HSK(HS Korea)도 현재 10자리를 사용하고 있습니다].

HS CODE는 원산지 결정 기준인 세번변경 기준 충족 여부를 확인하는 기준이 되고, 원산지 증명서 발급 신청에 필요한 자재 명세서(BOM, Bill Of Material)에 필수 기재사항이기도 합니다.

실무에서는 HS CODE를 확인하기 위해 거래 관세사로 문의하거나 업무 담당자가 스스로 관세법령정보포털(CLIP, Customs Law Information Portal) 등 HS CODE 정보 제공 사이트에 접속해 HS CODE를 직접 확인합니다.

드론, 3D 프린터 등 과거에 없던 새로운 물품을 HS CODE에 반영하기 위해 대략 5년에 한 번씩 HS CODE를 개정하는데요. HS CODE가 개정되면 FTA 협정에서 규정한 HS CODE 기준이 변경되거나 삭제될 수 있습니다.

예를 들어, FTA를 체결할 때, HS 2012 규정에서 8462.21로 분류한 물품이 HS CODE 개정으로, HS 2022에는 8462.22로 변경되었다고 보겠습니다. 한-중 FTA에서 원산지 증명서는 변경된 HS 2022에 따라 8462.22로 작성하고, 원산지 결정 기준은 변경 전 HS 2012에 기초한 '품목별 원산지 결정 기준'을 따르도록 합니다.

품명	HS CODE	C/O (9번란)	원산지 결정 기준 (10번란)
수치제어식 평판제품용 굽힘기·접음기·교정기·펼침기 [[프레스 브레이크(press brake)를 포함한다]]	(HS 2012) 8462.21 → (HS 2022) 8462.22	8462.22	HS 2012에 기초한 원산지 결정 기준

변경 전 HS2012에 기초한 품목별 원산지 결정 기준을 찾는 방법은 '원산지 기준 연계표(HS 2022→HS 2017→HS 2012)'에서 HS CODE를 매칭해야 합니다.

HS 6단위 연계표는 관세청 FTA 포털(https://www.customs.go.kr/ftaportalkor)에서 'FTA 활용 정보〉HS 연계표' 경로를 통해 확인할 수 있습니다.

HS 2007	EU, 영국, 튀르키예, 인도, 페루, 뉴질랜드
HS 2012	칠레, 싱가포르, 미국, 호주, 캐나다, 중국, 콜롬비아, 중미, 이스라엘
HS 2017	아세안, 캄보디아, 베트남, 인도네시아
HS 2022	RCEP

FTA 협정별 원산지 결정 기준 적용 품목번호 버전 조견표

※ 한-중 FTA, 한-인도 FTA: 경우에 따라 기관발급 원산지 증명서상에 품목번호(HS) 버전 2022로 기재되어 발급될 수 있음

수입물품의 HS CODE에 따라 원산지 결정 기준이 확정되기 때문에 HS CODE를 사전에 확인하기 위해서는 관세청의 '품목분류 사전심사 제도'를 이용할 수 있습니다. 수입기업, 관세사 등이 품목분류 사전심사 신청서와 물품 견본 등 증빙서류를 가지고 관세청에 전자신고[관세청 UNI-PASS(http://unipass.customs.go.kr) > 전자신고(신고서 작성) > 품목분류 사전심사 신청]하면 약 30일(보완 기간 제외) 이내로 법적 효력이 있는 HS CODE를 답변받을 수 있습니다(유효 기간 3년).

FTA 협정을 체결한 대부분의 국가도 개별 국가에서 품목

분류 사전심사 제도를 운영하고 있기 때문에 수출기업이 해외 수입 HS CODE를 확인하려면 해외 세관으로 품목분류 사전심사를 신청할 수 있습니다.

 우리나라 수출신고필증 HS CODE와 수입국 요청 HS CODE가 다른 경우

수출자는 우리나라에서 수출신고에 필요한 HS CODE와 함께 수입국에서 사용하는 HS CODE도 미리 확인해야 합니다.

원산지 증명서는 수입자가 필요해서 발급하는 서류입니다. 수출국에서 적법하게 발급된 원산지 증명서라도 현지 수입자에게 필요한 내용이 아니라면 쓸모가 없어질 수도 있습니다. Draft CO를 활용하는 것도 이러한 이유 때문입니다. 그런데 만약 수입국에서 사용하는(또는 거래 상대방이 원하는) HS 코드와 수출국의 HS 코드가 다르다면 어떻게 할까요?

(1) 가능 여부
    해외 수입자가 우리나라 수출신고필증의 HS CODE(세번)이 아닌 다른 HS CODE(세번)로 원산지 증명서를 요청하면 발급이 가능할까요? 정답은 'YES'입니다.
    HS 코드가 국제적으로 6단위까지 통일되어 있다 하더라도 각국 당사자들의 해석에 따라 국가별로 다른 HS 코드를 사용할 수도 있습니다. 이러한 사정은 관세청에서도 파악하고 있습니다.

(2) 방법
    먼저 해외 수입국에서 요청받은 세번이 협정 상대국에서 수입신고에 실제 사용하는 HS CODE라는 사실을 확인해야 합니다.
    아래 협정 상대국 정부의 공식서류 중 하나를 제출하면 수출신고필증과 다른 HS CODE로 원산지 증명서 발급이 가능합니다.
    ① 수입신고필증
    ② 품목번호 확인서

③ 사전심사 결정서(Advance ruling)
④ 협정 상대국 관세, 품목분류표에 명확하게 규정된 품목임을 증명하는 서류 및 정보
⑤ 협정 상대국 관세, 품목분류표에 규정된 품목임이 입증되는 해당 국가 정부기관 홈페이지 등록 정보 등
⑥ 기타 세관장이 타당하다고 인정하는 서류

다만 상대국에서 요청한 HS CODE로 원산지 증명서를 발급하기 위해 우리나라에서 원산지 증명서 발급을 신청하는 경우에도 첨부서류인 소명서, BOM 등은 우리나라에서 사용하는 HS CODE 기준으로 작성·제출하여야 합니다.

또한 수입국의 공식 의견서 등의 서류로 HS 번호가 다름이 확인되고 우리나라 HS CODE로 '품목별 원산지 인증 수출자' 요건을 갖춘 경우라면 수입 상대국의 HS CODE로도 '품목별 원산지 인증 수출자'를 취득할 수 있습니다.

(3) 원산지 검증에 대한 주의사항
우리나라 수출자는 원산지 검증에 대비해 우리나라 기준 HS CODE와 수입 상대국의 HS CODE, 두 가지 HS 코드에 대해 모두 소명자료를 준비해야 합니다. 수입 상대국에서 원산지 검증을 요청할 때는 해당 국가에서 수입통관한 HS 코드를 기준으로 원산지 검증을 진행하기 때문입니다.

(4) 해외 국가로 첫 수출 시 유의사항
① 수입 가면장(비공식 수입신고필증) 활용
일반적으로 우리나라와 다른 세번으로 원산지 증명서를 발행할 때 입증 서류로써 상대방 국가의 수입신고필증이 가장 많이 활용됩니다.
그런데 만약 이번 수출 거래가 해당 국가로의 첫 거래라면 수입신고필증 자체가 존재하지 않는데요, 이러한 경우에는 수입 가면장을 활용할 수 있습니다. 수입국에 따라서는 수입통관 과정에서 정식 수입통관필증을 발행하기 전에 수입 가면장을 발행할 수 있는데, 해외 거래처에 수입 가면장 발행 가능 여부를 미리 확인하여 이를 입증 서류로 활용할 수 있습니다.

② 원산지 증명서 사후 적용 활용
우선 첫 거래에만 FTA 적용 없이 수입통관을 진행하고, 다음 거래부터는 첫 거래의 수입신고필증을 원산지 증명서 발급을 위한 증빙자료로 사용하여 FTA 특혜관세를 사후 적용하는 방법입니다. 다만, 사전에 꼭 사후적용 가능 여부와 사후적용 가능기간 및 방법 등에 대해서 거래 상대방과 협의할 필요가 있습니다.

3) 관세 혜택 실익 분석

관세 혜택 = (상대국 실행세율 – FTA 협정세율) × 수출금액

FTA를 이용하는 가장 큰 이유는 관세 혜택을 받기 위해서
입니다. 수입 상대국의 FTA 관세 혜택 여부를 미리 시뮬레이
션할 필요가 있죠.

예를 들어, 실행세율이 관세 6.5%이고 FTA 세율이 2.6%
라면 그 차액인 3.9%(6.5%-2.6%)만큼 관세 혜택이 있습니다.

출처: 스스로 찾아가는 FTA 단계별 묻고 답하기, 울산세관

Q **꿀TIP** 수입 시 적용되는 대표 세율 3가지

수입국은 수입물품에 관세를 부과하는데요. 관세는 수입물품의 과세가격
(Customs Value)'에 관세율을 곱해서 계산합니다. 통관 당국에서 실제 국경에
서 부과하는 관세율을 '실행세율'이라고 하며, 주로 기본세율과 WTO 협정세율
(MFN 세율) 중 낮은 세율을 적용합니다. FTA 협정이 적용되면 실행세율과 FTA
협정세율을 비교해서 FTA 협정세율이 더 낮으면 FTA 협정세율을 사용해서 관
세를 결정합니다.

구분	종류	설명
실행 세율	기본세율	- 자국법에서 규정한 대표 세율(General Rate) - 우리나라는 「관세법 별표」에 품목번호 6단위 기준 　으로 관세율을 구분해서 규정
	WTO 협정세율	- 수출국이 WTO 회원국일 때 적용 - 대부분 국가가 WTO 회원국이기 때문에 실무에서 　기본세율과 WTO 협정세율을 비교해서 더 낮은 세 　율을 적용 - 물품을 수입하는 국가에서 가장 낮게 운용하는 세 　율이라는 의미로 'MFN(Most Favored Nation) 세율' 　로도 불림
	FTA 협정세율	- FTA 협정에 따라 적용되는 세율 - 세율코드는 FTA의 첫 글자 'F'에 국가코드를 붙여 　사용(예를 들어, 한-중 FTA는 FCN을 사용)

수입 시 사용하는 대표 세율 3가지

일반적으로 관세 혜택이 없다면 FTA를 사용할 실익이 없는데요. 하지만 한−미 FTA에서 원산지 증명서(C/O)를 발급받으면 수입통관 시 부과되는 '물품취급 수수료(MPF, Merchandise Processing Fee)[6]'를 면제(한-미 FTA 제2.10조)받을 수 있습니다. 그래서 미국 수입자는 관세율 혜택이 없어도 FTA 원산지 증명서 발급을 요청하기도 합니다.

FTA 협정세율은 연도별로 관세율이 변동(인하 또는 철폐)되는 경우가 많은데요. 주로 FTA 협정문 부속서 '관세 양허표'에서 확인할 수 있습니다. 또한 FTA 관세 혜택이 적용되는 일반품목(Normal Track)이라도 협정에 따라 고관세가 유지되는 민감품목(Sensitive Track)일 수 있으니 사전에 '민감품목' 유무도 확인해야 합니다.

과거 17년 세계관세기구(WCO) 품목분류위원회에서 '조미김'의 품목분류를 '기타의 조제 식료품(HS 2106.90호)'에서 '식물의 기타 조제품(HS 2008.99호)'으로 변경했는데요. 베트남은 조미김을 민감품목으로 지정해서 한−아세안 FTA 특혜관세를

---

6) 물품취급 수수료: 미국 관세 및 국경보안청(CBP, The U.S. Customs Border and Protection)이 수입물품이 미국 관세법과 무역법을 준수한 것인지 심사하는 명목으로 징수하는 비관세 행정 수수료

활용해서 수출하는 한국산 조미김 수출기업을 대상으로 한-
아세안 FTA 특혜세율(0%)이 아닌 고세율(40%)을 부과하려는
움직임을 보였습니다. 한국 정부는 수출기업을 보호하기 위
해 베트남으로 조미김을 수출하는 업체를 대상으로 민감품목
에 따른 고세율(40%)을 피할 수 있는 한-베트남 FTA 활용
을 적극 권고했습니다.

4) 원산지 결정 기준 확인 & 판정

FTA 관세 혜택은 FTA 체결국 간의 수출입 물품에 무조건
적용되는 게 아니라, 협정에서 규정한 역내산(원산지) 조건을
충족한 물품에 한해서 관세 혜택을 적용할 수 있습니다.

물품 제조에 사용되는 원재료의 원산지, HS CODE와 원가
등을 확인해서 협정별 '원산지 결정 기준' 충족 여부를 확인해
야 하죠(자세한 원산지 결정 기준은 「III. 원산지 결정 기준」을 참고하세요).

대분류	중분류	기준	의미
일반 기준	기본 기준	완전생산 기준	당사국에서 완전히 생산되거나 획득한 물품
		역내가공 원칙	역내에서 중단 없이 생산공정이 수행
		충분가공 원칙	단순 공정 외 충분한 정도의 가공을 요구
		직접운송 원칙	수출국에서 수입국으로 직접운송
	특례 기준	누적기준	체약 상대국의 생산요소를 자국산으로 간주
		최소허용 기준	비원산지재료가 세번변경 기준에 충족하지 않아도 그 비중이 미미할 경우 원산지 물품으로 인정
		중간재	원산지 재료와 비원산지 재료를 사용해 자체적으로 생산한 중간재 전체를 원산지로 인정
		간접재료	실제 물품에 직접적으로 결합되지 않는 재료 또는 설비
		대체가능 물품	물품의 특성상 원산지가 다르더라도 상업적으로 대체가능한 물품
		부속품 등	기계 등과 함께 수입되어 동시에 판매되는 부속품
		포장용품 및 용기	상품과 동일하게 분류되는 포장용품 및 용기
		세트 물품	다른 성질의 물품을 특정 목적을 위해 하나로 조합된 물품

품목별 원산지 결정 기준(PSR)	세번변경 기준	완제품과 투입한 역외 원재료 간 HS CODE 변경 여부로 원산지 결정
	부가가치 기준	역내가공 과정에서 창출된 부가가치의 정도에 따라 원산지 결정
	가공공정 기준	특정한 생산공정이 역내에서 수행된 경우 원산지로 인정

원산지 결정 기준

5) 원산지 증명서 발급

– 발급 방법

원산지 증명서는 선적 완료 전에 발급할 수 있고 선적 이후에도 발급할 수 있습니다. 다만, 선적 이후 발급하려면 아래 증빙서류가 추가로 필요합니다. 수입국별로 사후 적용 가능 여부가 다르기 때문에 협정별로 사전에 확인해야 합니다.

선적 전 발급 구비 서류	① 수출신고필증 또는 이에 갈음하는 서류 ② 송품장 또는 거래 계약서 ③ 원산지 확인서 ④ 원산지 소명서 ⑤ 원산지 소명서를 입증할 수 있는 서류(BOM, 원료 구입 명세서, 생산공정 명세서, 원료수불부, 원가산출 내역서 등)
선적 이후 발급 구비 서류	① 선적 완료 전 신청 시 구비 서류 일체 ② 사유서(수출물품 선적일부터 30일 이내에 신청하는 경우 제외) ③ 선하증권 사본 ④ 사유서 내용 입증 자료(발급기관 요구 시)

수출자는 원산지 결정 기준을 충족하는 한국산 제품에 대해 역내산을 증빙하는 '원산지 증명서'를 최종 발급합니다. 원산지 증명서는 수출자가 직접 발급하는 '자율발급'과 수출국의 관세 당국 등 기관에서 원산지를 확인해서 발급하는 '기관발급'으로 나뉩니다. 자세한 내용은 「Ⅳ. 원산지 증명서 발급 및 서류」에 있습니다.

구분	자율발급	기관발급
장점	– 발급 절차 신속 및 경비 절감 – 통관 절차 간소화	– 우회 수입 방지 – 수출입에 대한 공신력 증대
단점	– 허위 증명 가능성 – FTA 전문 인력 부재 시, Risk 발생	– 발급 절차 복잡 – 발급 시간 및 비용 증대

대상협정	– 칠레, EFTA, EU, 페루, 미국, 튀르키예, 콜롬비아, 중미, 영국, RCEP, 캄보디아, 이스라엘, 뉴질랜드	– 중국, 베트남, 싱가포르, 아세안, 인도, RCEP(인증 수출자가 아닌 경우), 이스라엘, 캄보디아, 인도네시아
	– 호주: 한국 → 자율발급, 호주 → 자율발급 & 기관발급	

원산지 증명서 발급 방법

Q 꿀TIP   원산지 증명서 정보 전자교환시스템 'EODES'

EODES(Electronic Origin Data Exchange System, 원산지 증명서 정보 전자교환시스템)는 원산지 증명서(Certificate of Origin) 정보를 해외 관세 당국과 실시간으로 전자적 교환하는 시스템입니다. 원산지 증명서를 종이서류로 제출하지 않아도 FTA 혜택을 적용받을 수 있도록 지원하는 간편한 서비스입니다.

현재 중국(2016년~), 한-아세안(2020년~), 베트남(2023년~), 인도(2023년~), 인도네시아(2024년~)와 전자교환 시스템 구축을 완료했습니다.

관세청 FTA 포털(https://www.customs.go.kr/ftaportalkor)에서 'CO-PASS)CO-PASS 진행 정보'를 통해 협정명과 국가명을 입력하고 발급번호 및 참조 코드(원산지 증명서 우측 상단 Reference No/Reference Code)를 입력하면 진행 상황을 조회할 수 있습니다.

전송 구분	발급 번호	전송 일자	유형	전송 결과	응답 결과	응답 시간	실패 사유	통관 여부
한-인도		24-05-27 09:57:23	NEW OR UPDATE	성공	성공	24-05-27 08:44:52	Success	진행중

CO-PASS 진행 상황 조회 화면

ⅴ 전송 결과 '성공'이면서 응답 결과 '성공'인 경우: 상대국 전송 완료
ⅴ 전송 결과에 빈칸 또는 '실패'라고 되어있는 경우: 세관에 재전송 요청
ⅴ 전송 결과에 '성공'이지만 응답 결과가 '실패'인 경우: 우리 측 전산에서는 성공적으로 전송되었지만 상대국 전산에서 응답을 못 한 경우

- 주의사항

원산지 증명서 발급 시 원본 원산지 증명서를 발급하기 전에 Draft CO(테스트용 원산지 증명서)를 출력해서 수입자에게 컨펌받는 작업을 꼭 하시라고 당부드리고 싶습니다. 어차피 원산지 증명서는 수입자 측에서 수입통관 시 활용하는 서류이기 때문에 수입자에게 필요한 형태여야 합니다. 원산지 증명서를 발급했는데 상대 수입국에서 사용할 수 없다면 아무 소용이 없겠죠.

실제 수출화물이 선적되는 것을 확인하고 원산지 증명서를 발급하는 것도 중요합니다. 화물 운송장(B/L 등)에 기재된 내용을 토대로 원산지 증명서 발급 신청을 하는데, 선적 스케줄이 변동되거나 선박명 등이 변경되면 원산지 증명서를 정정해야 하기 때문이죠.

※ 원산지 증명서 정정 발급 사항: 수출신고 수리필증 정정, 원산지 증명서 신고사항 오탈자, 수량 및 품목번호 등의 착오, 누락 또는 기재 오류 등

6) 증빙서류 보관하기(「FTA 특례법 시행령」 제15조)

출처: DALL-3

수입자, 수출자 및 생산자 등은 협정 및 관련 법에 따른 원산지의 확인, 협정관세의 적용 등에 필요한 증빙서류 등을 5년의 범위에서 보관해야 합니다(단, 체약 상대국이 중국인 경우, 3년 보관 의무 등 협정에 따라 상이)

수출자	- 체약 상대국의 수입자에게 제공한 원산지 증명서(전자문서 포함) 사본 및 원산지 증명서 발급 신청서류(전자문서 포함) 사본 - 수출신고필증 - 해당 물품의 생산에 사용된 원재료의 수입신고필증(수출자의 명의로 수입신고한 경우만 해당) - 수출 거래 관련 계약서 - 해당 물품 및 원재료의 생산 또는 구입 관련 증빙서류 - 생산자 또는 해당 물품의 생산에 사용된 재료를 공급하거나 생산한 자가 해당 물품의 원산지 증명을 위하여 작성한 후 수출자에게 제공한 서류
생산자	- 수출자 또는 체약 상대국의 수입자에게 해당 물품의 원산지 증명을 위하여 작성·제공한 서류 - 해당 물품의 생산에 사용된 원재료의 수입신고필증(생산자의 명의로 수입신고한 경우에만 해당) - 수출자와의 물품공급계약서 - 해당 물품의 생산에 사용된 재료를 공급하거나 생산한 자가 해당 재료의 원산지 증명을 위하여 작성한 후 생산자에게 제공한 서류 - 해당 물품 생산 및 원재료의 생산 또는 구입 관련 증빙서류 - 원가 계산서·원재료 내역서 및 공정 명세서 - 해당 물품 및 원재료의 출납·재고관리대장
수입자	- 원산지 증명서(전자문서 포함) 사본. 다만, 협정에 따라 수입자의 증명 또는 인지에 기초하여 협정관세 적용 신청을 하는 경우로서 수출자 또는 생산자로부터 원산지 증명서를 발급받지 아니한 경우에는 그 수입물품이 협정관세의 적용 대상임을 증명하는 서류를 말한다. - 수입신고필증 - 수입 거래 관련 계약서 - 지식재산권 거래 관련 계약서 - 수입물품의 과세가격 결정에 관한 자료 - 수입물품의 국제 운송 관련 서류 - 사전심사서 사본 및 사전심사에 필요한 증빙서류(사전심사서를 받은 경우에만 해당)

보관 대상 원산지 증빙서류(「FTA 특례법 시행령」 제10조)

2. FTA 수입 활용

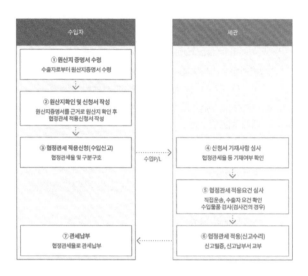

출처: 관세청 홈페이지

1) 원산지 증명서 수령

수출자는 FTA 협정에 따라 작성(발급)한 원산지 증명서 사본(또는 원본)을 협정국 수입자에게 전달합니다. 제품이 협정국에 수입통관 되기 전에 원산지 증명서가 도착하는 것이 일반적인데요. 수출자는 원산지 증명서를 발급해서 이메일이나 국제특송으로 수입자에게 전달합니다.

원산지 증명서는 기관발급, 자율발급 등 협정별로 발급 방식과 양식이 상이하고 원산지 결정 기준 또한 상이한데요. 수입자는 사후 추징 등 리스크를 최소화하기 위해 수출자에게 원산지 기준 등 형식적 요건에 맞는 원산지 증명서를 요청해야 합니다.

수입자는 해외 수출 거래처에 Draft CO 발행을 요청하여 확인할 필요가 있습니다. 원산지 증명서를 제대로 확인하지 않아서 막상 수입통관 시에 FTA 협정관세 적용이 거부된다면 불필요한 시간과 비용이 소요되기 때문입니다. 재발급 비용도 발생하고, 재발급에 필요한 시간이 지연되면서 통관도 미뤄지는데요. 재발급을 기다릴 시간적 여유가 충분하면 괜찮지만, 납기에 맞춰 급하게 수입통관이 필요한 물품은 세금을 먼저 납부하고 수입통관을 해야 하는데, 납부할 세금이 크다면 사후에 이미 납부한 세금을 환급받더라도 회사 상황에 따라 자금적으로 부담이 될 수 있습니다.

2) 원산지 확인 및 신청서 작성

수입자는 수출자로부터 전달받은 원산지 증명서를 근거로 작성한 협정관세 적용 신청서를 세관으로 제출합니다.

Q **꿀TIP** 원산지 증명서 HS CODE와 국내 수입 시 HS CODE 가 다른 경우

원산지 증명서를 수출자에게 요청하여 전달받았는데, 해당 원산지 증명서의 HS 코드와 수입신고서상의 HS 코드가 다른 경우는 어떻게 해야 할까요?[품목 분류 번호 해석 상이 등에 따른 업무 처리 지침(2020.8.4.)]

(1) HS 코드가 원산지 증명서상 필수 항목이 아닌 경우
   한-EU FTA, 한-EFTA, 한-터키 FTA와 같이 HS 코드가 원산지 증명서의 필수 항목이 아니면 원산지 증명서의 HS 코드와 무관하게 협정관세 적용이 가능합니다.

(2) HS 코드가 원산지 증명서 필수 항목인 경우
   원산지 증명서의 HS 코드에 따른 원산지 결정 기준이 수입신고서의 HS 코드에 따른 원산지 결정 기준을 충족하는 경우 협정관세 적용에 대해 차근차근 알아보겠습니다.

원산지 결정 기준 PART를 살펴보신 분들은 원산지 결정 기준에도 '급'이 있다는 것을 느끼셨을 겁니다. (『Ⅲ. 원산지 결정 기준』을 먼저 공부하시기를 추천합니다.) 원산지 기준에 따라 충족하기 어려운 난이도로 정리를 해보면 다음과 같습니다.

완전생산 기준 》 조합 기준 》 선택 기준

가장 많이 사용되는 세번변경 기준이나 부가가치 기준을 생각해 봅시다. 완제품을 구성하는 모든 원재료가 역내산이 아니어도 원산지 결정 기준을 충족하는 데 문제가 없습니다. 역외산 원재료만을 사용했다 하더라도 다른 세번에 해당하는 완제품을 만들었다는 것은 새로운 물품을 생산한 것으로 볼 수 있으므로 원산지를 인정하는 것이죠.

부가가치 기준도 일정 수준 이상의 부가가치를 역내에서 발생시킨다면 비원산지 재료를 일부 사용해도 생산국을 원산지로 인정합니다.

정리하자면 상위개념인 원산지 결정 기준을 충족한다면 HS 코드가 다름에도 원산지를 인정할 수 있다는 이야기입니다. 조금 이해가 될까요? 아래 예시로 살펴보겠습니다.

원산지 증명서 HS 번호의 원산지 결정 기준	수입신고서 HS 번호의 원산지 결정 기준	판단 근거
완전생산 기준	부가가치 기준 또는 세번변경 기준	완전생산된 물품이므로 원산지 제품에 해당
부가가치 기준 40%	부가가치 기준 35%	부가가치 기준 35%를 초과하므로 원산지 제품에 해당

원산지 제품으로 인정되는 경우

원산지 증명서 HS 번호의 원산지 결정 기준	수입신고서 HS 번호의 원산지 결정 기준	판단 근거
세번변경 기준	완전생산 기준	수입국 원산지 결정 기준 불충족
부가가치 기준 35%	[조합 기준] 부가가치 기준 35% + CTH	세번변경 기준 충족 여부를 확인할 수 없음

원산지 제품으로 인정되지 않는 경우

3) 협정관세 적용 신청(수입신고)

일반적으로 수입신고와 동시에 'FTA 협정관세 적용 신청서'를 세관에 제출합니다. 세관장이 원산지 증명서 원본 제출을 요구하는 경우를 제외하고는 사본 제출이 가능한데요.

수입신고 수리 전까지 FTA 협정관세 적용 신청이 불가능하면 수입신고 당시에는 실행세율(기본세율 or WTO 협정세율)로 신고하고 관세를 납부한 뒤, 수입신고 수리일로부터 1년 이내에 원산지 증명서를 준비해서 사후 신청도 가능합니다.

구분	수입신고 수리 전 신청	수입신고 수리 후 신청(사후 적용)
시기	수입신고 수리 전까지	수입신고 수리일로부터 1년 이내
요건	수입신고일 또는 협정관세 적용 신청일 기준 유효 기간 이내 발급	
서류	협정관세 적용 신청서	1. 협정관세 적용 신청서 2. 원산지 증명서 원본(전자적 자료교환 시스템 이용 시 생략 가능) 3. 보정신청에 필요한 서류(수입 시 과소신고한 경우) 또는 경정 청구서(과다 신청한 경우) 4. 원산지 증빙서류(세관장 제출 요구하는 경우)

협정관세 적용 신청 구분

① 수입신고 수리 전 신청

수입신고를 진행하기 전에 원산지 증명서를 이미 발급받은 경우로서 수입신고와 함께 협정관세 적용 신청서를 세관에 제출합니다. 담당 세관은 해당 서류에 대한 심사를 진행하고 이상이 없으면 FTA 특혜세율을 적용한 낮은 세액(면제받은 관세 外)을 납부받고 수입신고를 수리합니다.

수입신고 수리 전에 협정관세 적용을 신청하는 경우 세관의 신고 처리 방법에 따라 서류 제출 유무가 결정됩니다.

- PL (PAPER LESS)

서류 제출 없이 전산상으로 신고한 내용을 검토하여 승인하는 제도입니다. 이 경우 원산지 증명서 등 서류 제출이 필요하지 않습니다.

- 서류 제출 또는 물품 검사

서류 제출 또는 물품 검사 대상으로 선정되면 원산지 증명서뿐만 아니라 해당 수입신고에 관련된 모든 서류를 제출하여야 합니다.

② 수입신고 수리 후 신청(사후 적용)

수입신고 시에 원산지 증명서를 구비하지 못해 세금을 우선 납부하고 통관 처리를 한 경우 해당 수입 건의 수입신고 수리일부터 1년 이내에 협정관세 적용을 신청할 수 있습니다.

사후 적용은 서류 제출이 필수입니다. 수입·납세신고 정정 신청서 및 환급 신청서를 제출하고 원산지 증명서를 포함한 해당 수입 건 관련 서류를 제출합니다.

FTA 사후 적용은 협정관세 사후 신청일부터 2개월 이내에 세관장이 FTA 협정 적용 여부를 결정하고 미리 납부한 관세 등을 환급합니다.

원산지 증명서 소급 발급 문구(「FTA 특례법 고시」 제28조)

원산지 증명서를 선적 후 발급하는 경우에는 아래 기준일까지는 '선적 후 발급 스탬프'를 날인하지 않지만, 해당 기한이 지나고 수출물품 선적일로부터 1년 이내 원산지 증명서를 신청할 때 '선적 후 발급 스탬프'를 날인해야 합니다.

FTA 협정	기준일	선적 후 발급 스탬프 문구
한-인도 [6번란(Remarks)]	선적일로부터 7 근무일(선적일 포함)	"ISSUED RETROSPECTIVELY" (세로 0.8cm, 가로 7cm)
한-이스라엘 [7번란(Observations)]	선적일 후 7 근무일 이내(선적일 미포함)	
한-싱가포르 [15번란(Certification)]	–	"ISSUED RETROACTIVELY" (세로 0.8cm, 가로 7cm)
한-아세안 [12번란(Certification)]	선적일로부터 3 근무일 이내(선적일 포함)	
한-베트남 [12번란(Certification)]	선적일로부터 3 근무일(선적일 포함)	
한-중국 [5번란(Remarks)]	선적일 후 7 근무일(선적일 미포함)	
한-인도네시아 [4번란(Remarks)]	선적일로부터 7일(선적일 포함)	
한-캄보디아 [13번란(Certification)]	선적일로부터 7일(선적일 포함)	

FTA 협정별 스탬프

4) 신청서 기재사항 심사 ~ 6) 협정관세 적용(신고 수리)

수입자가 FTA 협정세율을 적용해 수입신고하면 세관에서는 대부분 P/L(Paperless) 검사하여 별도의 증빙서류를 요청하지 않고 즉시 수입신고를 수리(검사 완료)합니다. 하지만 세관에서 서류 제출이나 물품 검사로 지정하면 원산지 증빙서류와 함께 FTA 원산지 증명서를 세관으로 제출해야 합니다.

원산지 증명서는 원본으로 세관에 제출하는 게 원칙이지만 수입자의 편의를 위해 사본(Copy)에 '원산지 증명서 사본 제출 스탬프'를 날인해서 세관으로 제출할 수 있습니다.

> 본 사본이 원본과 다를 경우 관세법 등 관련 법령에 의해 처벌받을 수 있음을 알고 있으며, 세관에서 요구 시 원본을 제출하겠습니다.
>
> 수입자 OOO 서명

원산지 증명서 사본 스탬프

원산지 증명서 사본 제출은 '수입신고 수리 전 제출'에만 허용되며 '수입신고 수리 후 신청(사후 적용)'은 예외 없이 원산지 증명서 원본을 세관에 제출해야 합니다.

Q 꿀TIP   원산지 증빙서류 제출 면제(「FTA 특례법 시행령」 제4조 제3항)

수입자는 협정관세 적용을 신청할 때 원산지 증빙서류를 구비해야 하고, 세관장이 요구하면 증빙서류를 제출해야 하는데요. 하지만 아래 물품은 원산지 증빙서류 제출이 면제됩니다.

(1) 과세가격이 미화 1천 달러 이하로서 FTA 협정에서 정하는 범위 내의 물품
(2) 동종, 동질물품을 계속 반복적으로 수입하는 경우로서 당해 물품의 생산 공정 또는 수입 거래의 특성상 원산지의 변동이 없는 물품 중 관세청장이 정하여 고시하는 물품
(3) 관세청장으로부터 원산지에 대한 사전심사를 받은 물품
(4) 물품의 종류, 성질, 형상, 상표, 생산국명 또는 제조자 등에 따라 원산지를 확인할 수 있는 물품으로서 관세청장이 정하여 고시한 물품

PART III

원산지 결정 기준

1. 일반 기준(기본 기준)

1) 완전생산 기준
2) 역내가공 원칙(역외가공 금지)
3) 충분가공 원칙(불인정 공정 기준)
4) 직접운송 원칙
    Q 꿀TIP: 한–EU FTA vs 한–아세안 FTA 직접운송 원칙 비교

2. 일반 기준(특례 기준)

1) 누적 기준(역내가공 원칙 완화)
2) 최소허용 기준(미소 기준, De minimis or tolerance rule)
3) 중간재
4) 간접재료(Indirect Material)
5) 대체가능 물품(Fungible Goods)
6) 부속품 등
7) 포장용품 및 용기
8) 세트 물품

3. 품목별 원산지 결정 기준(PSR, Product Special Rules)

1) 세번변경 기준(CTC, Change in Tariff Classification Criterion)
    Q 꿀TIP: 원산지 결정 기준 선택사항
2) 부가가치 기준(Value Added Criterion)
    Q 꿀TIP: 상품가격 결정 방법(공장도 가격 등)
    Q 꿀TIP: 부가가치 기준 '버퍼(Buffer)' 비율
3) 가공공정 기준(SP, Specific Process Criterion)
    Q 꿀TIP: FTA 협정문상 원산지 결정 기준 및 검색 방법
    Q 꿀TIP: FTA 원산지 결정 기준 표기 조견표(출처: FTA 신청 오류 사례
    집, 부산세관)

PART Ⅲ. 원산지 결정 기준

    FTA는 원산지 결정 기준을 충족하는 물품만 제3국 물품과 구별되는 특혜를 제공합니다. 원산지 증명서를 발급하기 위해서는 대상 물품이 협정에서 정한 '원산지 결정 기준'을 충족하는지 확인하는 '원산지 판정'이 필수입니다.

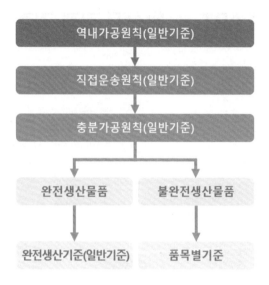

원산지 기준은 크게 일반 기준과 품목별 기준이 있습니다. 원산지 결정 기준을 검토할 때 불완전 생산물품(원산지 & 비원산지 재료 혼용)은 일반 기준을 먼저 검토(완전생산 기준 제외)하고, 개별 FTA 협정에서 요구하는 '품목별 기준'에 따라 원산지를 최종적으로 결정합니다. 일반 기준을 충족하지 못하면 '품목별 기준'의 충족 여부를 떠나 원산지를 인정받을 수 없습니다.

대분류	중분류	기준	의미
일반 기준	기본 기준	완전생산 기준	당사국에서 완전히 생산되거나 획득한 물품
		역내가공 원칙	역내에서 중단 없이 생산공정이 수행
		충분가공 원칙	단순 공정 외 충분한 정도의 가공을 요구
		직접운송 원칙	수출국에서 수입국으로 직접운송
	특례 기준	누적 기준	체약 상대국의 생산요소를 자국산으로 간주
		최소허용 기준	비원산지재료가 세번변경 기준에 충족하지 않아도 그 비중이 미미할 경우 원산지 물품으로 인정
		중간재	원산지 재료와 비원산지 재료를 사용해 자체적으로 생산한 중간재 전체를 원산지로 인정
		간접재료	실제 물품에 직접적으로 결합되지 않는 재료 또는 설비
		대체가능 물품	물품의 특성상 원산지가 다르더라도 상업적으로 대체가능한 물품
		부속품 등	기계 등과 함께 수입되어 동시에 판매되는 부속품
		포장용품 및 용기	상품과 동일하게 분류되는 포장용품 및 용기
		세트 물품	다른 성질의 물품들이 특정 목적을 위해 하나로 조합된 물품
품목별 원산지 결정 기준 (PSR)		세번변경 기준	완제품과 투입한 역외 원재료 간 HS CODE 변경 여부로 원산지 결정
		부가가치 기준	역내가공 과정에서 창출된 부가가치의 정도에 따라 원산지 결정
		가공공정 기준	특정한 생산공정을 역내에서 수행된 경우 원산지로 인정

원산지 결정 기준

1. 일반 기준(기본 기준)

1) 완전생산 기준

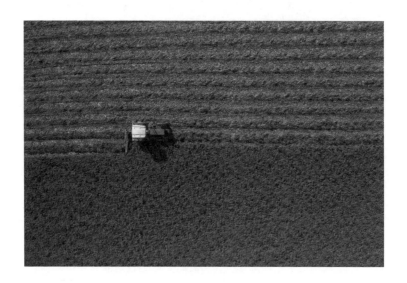

① 의미

FTA 체약국의 어느 한쪽 또는 양 당사국의 영역에서 '완전하게 획득되거나 생산, 제조한 상품'을 '완전생산 물품'이라 합니다.

사전적 의미로는 '다른 국가의 재료가 전혀 사용되지 않고 해당 물품의 모든 생산과정이 한 국가 내에서 수행된 물품'을 의미합니다. 하지만 글로벌 분업이 보편화된 환경에서 완전생산 물품을 엄격하게 해석하면 FTA를 적용할 수 있는 품목이 없기 때문에 FTA 개별 협정에서는 해석 범위를 조금 확대(유연하게 적용)하고 있습니다.

② 대상

완전생산 기준은 산업 분야에 제한 없이 사용할 수 있지만 주로 농림수산물이나 광산물 등 1차 상품에 적용합니다. 산업의 성격상 특정 영역에서 재배, 성장, 양식 등이 가능한 상품이 1차 상품이기 때문이죠. 수출국에서 생산된 종자를 파종해서 1개 국가 내에서 재배하고 수확한 쌀이 완전생산 물품의 대표적인 사례가 될 수 있습니다.

공산품은 조립, 가공, 포장 등 여러 공정이 세계 곳곳에서 수행되기 때문에 완전생산 기준이 적용될 가능성이 낮습니다.

③ 구분

완전생산 기준은 1개 당사국 내에서 완전하게 생산되는 물품으로 '1국 완전생산 물품'과 2개 이상의 FTA 협정 당사국 영역 내에서 완전히 생산된 물품으로 '역내 완전생산 물품'으로 구분됩니다.

1국 완전생산	1개 당사국 내에서만 완전생산된 물품
역내 완전생산	2개 이상의 FTA 협정 당사국 내에서 완전생산된 물품
완전생산 간주	역외에서 생산되거나 역외산 재료 또는 원산지 불명재료를 사용한 경우에도 예외적으로 완전생산품으로 인정

완전생산 기준 구분

1국 완전생산 물품이 사전적 의미의 '완전생산 물품'이며, '역내 완전생산', '완전생산 간주'로 갈수록 그 범위가 확장됩니다. FTA에서는 1국 완전생산, 역내 완전생산, 완전생산 간주 물품까지 모두 '완전생산 기준'을 충족한다고 보고 있습니다. 완전생산 간주 물품의 예시로는 역내 선박이 공해상에서 채취한 수산물이나 고물 등이 있습니다.

④ 공정 수준

 - 광물성 생산품: 채취, 추출, 채굴
 - 식물성 생산품: 재배, 수확(재배 이전의 종자 생산 등 과정은 완전 생산에 영향을 미치지 않음)
 - 산 동물(산 동물로 획득한 물품 포함): 출생 및 사육
 - 영역 내 수렵, 어로, 양식: 수렵, 덫사냥, 어로
 - 영역(영해) 밖 바다 어획물 및 그 생산품: 공해에서 어획

한 것(선박 국적에 따름)

– 영역(영해) 밖 채취 상품: 통상 '개발권'이 있는 당사국에 의한 채취(한-EFTA는 '독점적 개발권'을 요건으로 하여 합작 개발을 불인정)

2) 역내가공 원칙(역외가공 금지)

출처: 두드림협동조합

① 의미

생산품의 생산공정은 역내에서 중단 없이 수행되어야 하고, 일부라도 역외에서 이루어지면 원산지 물품으로 인정하지 않는 것이 원산지 제도상의 기본 원칙입니다.

FTA는 기본적으로 역내가공을 원칙으로 하고 있고, 역외가공은 금지합니다. 최종 생산품의 수출자가 A라는 재료를 역외국으로 수출하여 반제품 임가공 작업을 거치고 해당 반제품을 다시 수입하면 반제품은 관세법상 외국 물품으로 역외산이 되어 FTA 특혜를 적용받지 못합니다.

② 예외(해외 임가공)

역내가공 원칙을 엄격하게 해석하면 국제분업이 일반화된 국제 경제 질서에서 해외 위탁가공산업이 위축되고 세계 경제성장에 역효과를 초래합니다. 그래서 역내가공 원칙에서 일정한 조건을 충족하면 역외가공을 일부 허용해 줍니다.

FTA 협정에는 역외가공 지역과 품목을 따로 정하고 있습니다. FTA 체결국 내에서 반제품을 생산해서 역외로 수출한 뒤 역외가공을 거쳐 다시 역내로 수입해 최종 제품을 생산하고 수출하는 경우, 반제품은 '외국 물품(비원산지 재료)'이지만 역외가공 허용에 따라 '원산지 재료'로 인정해 주는 경우가 있습니다.

구분	협정	역외가공 지역(품목)	원산지 인정(모두 충족)	
			품목별 원산지 기준	역외가공비 기준
인정	한-아세안 FTA	개성공단 (아세안국가별 100개 품목)	고려하지 않음	비원산지 40% 이하
	한-중 FTA	개성공단 (310개 품목)	고려	비원산지 40% 이하 & 원산지 재료 60% 이상
불인정	한-미 FTA	한반도 역외가공 위원회 설립 후 논의		
	한-EU FTA	세부 내용은 추후 별도 위원회에서 결정		

주요 협정별 역외가공 인정 기준

3) 충분가공 원칙(불인정 공정 기준)

출처: 한국경제

① 의미

역외국의 원재료를 투입해서 최종 생산품을 생산했어도 역내에서 '충분한 정도의 가공'을 거쳐 협정이 정한 생산공정을 거쳐야만 원산지 물품으로 인정하는 기준입니다. 반대로 말하면 FTA 협정에서 규정하고 있는 품목별 기준(세번변경 기준, 부가가치 기준 등)을 충족해도 '충분한 정도'의 가공이 아닌 단순 공정만 수행했다면 원산지 물품으로 인정하지 않는다는 기준입니다.

한-아세안 FTA	단순 보존/단순 포장/단순 세척/단순 분류/단순 조립/단순 혼합/단순 실험/동물 도축
한-EU FTA	단순 보존/단순 포장/단순 세척/단순 분쇄/단순 조립/단순 혼합/단순 실험/동물 도살

불인정 공정 대표 사례

② 취지

품목별 기준인 '세번변경 기준'은 HS CODE만 변경되면 역내국에서 충분한 가공이 수반되고, 물품의 실질이 변경된다고 가정하고 있습니다. 하지만 HS CODE가 변경되어도 물품의 실질이 변경되지 않는 경우가 있는데요. 충분가공 기준은 세번변경 기준의 한계를 보완하고 역내에서 충분한 정도의 부가가치를 수행하도록 장려하기 위해 FTA 협정별로 별도 기준을 마련하고 있습니다.

투입 원료	생산공정	생산 제품
멸치(HS 0301)	건조	마른 멸치(HS 0304)
쌀(HS 1006)	제분	쌀가루(HS 1102)

세번변경 기준 불인정 사례

멸치(0301)에서 건조 과정을 거쳐서 마른 멸치(0304)가 생산, 쌀(1006)을 제분해서 쌀가루(1102)를 생산하면 투입 원료에서 최종 생산품의 HS CODE(세번)가 변경되어서 '세번변경 기준'을 충족합니다. 하지만 해당 물품은 충분한 정도의 가공을 거쳤다고 볼 수 없기 때문에 원산지 물품으로 인정받을 수 없습니다.

4) 직접운송 원칙

출처: 연합뉴스

① 의미

FTA 협정 체결국 간의 운송 중에 환적이나 경유하지 않고, 물품이 체결국 간에 직접(Direct) 운송되어야 한다는 원칙입니다. 국제무역은 주로 선박이나 항공으로 운송되는데요. 해상 운송은 화물을 선박에 적재(On board)하면 통상 원본 선하증권(Original B/L)이 발행되고, 항공은 대부분 항공화물 운송장(Airwaybill)이 발행됩니다.

직접운송을 입증하는 운송서류(B/L 등)에 기재되는 P.O.L(적재항)과 출발 공항은 FTA 수출 체약국이 되고, P.O.D(도착항)와 도착 공항은 FTA 수입 체약국이 됩니다.

FTA 협정 대상국이 아닌 제3국을 경유하거나 환적된다면 역내산으로 인정받은 FTA 협정 대상 물품이 환적 또는 경유국(역외국)에서 비협정 물품으로 바꿔치기될 수도 있어 이를 막기 위해 직접운송 원칙을 규정하고 있습니다. FTA 협정 당사국에 소재하는 물류기업을 이용하도록 유도해서 FTA 체결국의 물류산업을 진흥할 목적도 있습니다.

② '경유 또는 환적' 해석 방법

대부분의 선박, 항공기는 실무상 선박 스케줄 등 변경과 지리상의 이유로 수출국과 수입국 사이에서 제3국을 경유하거나 환적하는 경우가 많습니다.

예를 들어, 한국 부산에서 출항한 선박이 중국 상하이 항구에서 일부 화물을 하선 및 선적하고, 싱가포르 항구에서도 일부 화물을 하선하고 선적한 뒤 베트남 하노이 항구에서 최종적으로 FTA 수출화물을 하선하는 경우가 있습니다.

직접운송을 엄격히 해석해서 FTA 수출국, 수입국 간 경유 또는 환적을 무조건 금지한다면 FTA를 적용할 수 있는 사례가 없습니다. 직접운송을 증명하는 운송서류는 FTA 수출 체약국의 선적항과 FTA 수입 체약국의 양륙항을 커버하며, 하나의 운송서류(B/L, Airwaybill 등)로 발행됩니다(경유 또는 환적지를 기재하지 않습니다). 세관에서도 FTA 수출 체약국에서 화물을 적재한 날짜(On Board Date) 기준으로 FTA 수입 체약국에 도착한 일자가 합리적인 기간(T/T, Transit Time)이라면 단순 경유 또는 환적에 대해서는 문제 삼지 않습니다.

협정별로 경유국 작업 인정 범위 등 구체적인 작업 범위를 규정하고 있으니 직접운송 요건 및 입증 서류는 협정별로 살펴봐야 합니다.

협정	직접 운송	경유국 작업 인정	세관 통제	추가 조건
한-아세안 FTA	O	하역, 재선적, 상품 보존에 필요 공정	X	- 지리, 운송상 사유만 인정 - 경유국 내 거래, 소비 불인정 - 수출 당사국 발행 통과선하증권 필요
한-EU FTA			O	- 단일 탁송화물만 허용 - 경유국 내 거래, 소비 불인정 - 경유국 세관에서 발행한 증명서 필요
한-중국 FTA		하역, 재선적, 상품 보존에 필요 공정, 운송 목적 분리		- 지리, 운송상 사유만 인정 - 경유국 내 거래, 소비 불인정 - 복합/결합 운송서류 필요
한-미국 FTA	X	하역, 재선적, 상품 보존에 필요 공정		- 없음

직접운송 요건 및 입증 서류(예시)

해상운송 과정에서 발생하는 단순한 경유 또는 환적이 아니고, 실제 운송서류가 2건이 발행되는 경우에는 직접운송 원칙에 위배되어 FTA 특혜를 적용할 수가 없습니다.

1차 수출국	– P.O.L: LONGBEACH, US
1차 수입국 / 2차 수출국	– 1차 P.O.D / 2차 P.O.L: SHANGHAI, CN
2차 수입국	– 2차 P.O.D.: BUSAN, KR

상기 사례에서 미국산(US) 화물을 부산으로 수입하는 과정에서 2차례에 걸쳐 수출입 거래가 이루어졌습니다. 1차 거래는 미국 수출자와 중국 수입자(중개업자) 간 거래로, 해당 화물은 미국 롱비치에서 중국 상하이로 운송되었습니다. 2차 거래는 중국 수출자(중개업자)와 한국 수입자 간 거래로, 중국에서 통관을 완료해서 중국에서 보관 중인 화물 일부를 한국으로 보냈습니다.

운송서류(B/L 등)가 미국–중국, 중국–한국으로 2건 발행되었고, 중개국에서 통관까지 수행되었기 때문에 화물이 미국산(US)이지만 직접운송 원칙에 위배되어 한국 수입자는 한–미 FTA 특혜를 받을 수 없습니다.

③ 유형

직접운송 원칙은 FTA 협정별로 직접운송 원칙을 FTA 협정문에 직접 명시하는 '유럽형'과 직접운송 원칙을 직접 규정

하지 않고 제3국 경유 시 지켜야 할 사항을 안내하는 간접
방식인 '미주형'이 있습니다.

유럽형	FTA 수출지부터 수입국 목적지를 명확하게 규정
미주형	중간에 제3국을 경유하더라도 일정 조건을 충족하면 FTA 적용 가능

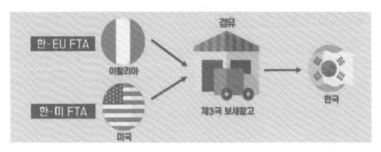

직접운송 원칙 구분

이탈리아, 미국에서 각각 스케이트보드를 수입해서 국내에
판매하는 업체가 있다고 가정해보겠습니다. 각국에서 출발
한 스케이트보드는 제3국인 홍콩 보세창고에 보관했다가 한
국으로 판매계약이 체결되면 홍콩 창고에서 출고해서 국내로
수출하는데요. 한-EU FTA가 적용되는 이탈리아산 스케이
트보드와 한-미국 FTA가 적용되는 미국산 스케이트보드는
FTA 적용이 가능할까요?

- 유럽형(한-EU FTA)

한-EU FTA 협정에서 제3국에서 분할 선적된 물품은 단일 탁송화물[7]로 볼 수 없기 때문에 직접운송 원칙을 충족하지 않는다고 봐서 '한-EU FTA'가 적용되지 않습니다.

- 미주형(한-미 FTA)

한-미 FTA 협정문에는 직접운송 요건을 따로 명시하지 않고 원산지 상품으로 인정받기 위한 '제3국 경유 요건[8]'만을 규정하고 있습니다. 그렇기 때문에 '제3국 경유 요건'만을 충족하면 '한-미 FTA' 적용이 가능합니다.

---

7) 한-EU FTA '탁송화물' 정의: 수출자로부터 수하인에게 일시에 송부된 제품이거나, 수출자로부터 수하인으로의 선적에 대한 단일의 운송서류에 의하여, 또는 그러한 서류가 없는 경우 단일의 송품장에 의하여 다루어지는 제품

8) 한-미 FTA '제3국 경유 배제 요건[제6.13조(통과, 환적)]': 상품이 하역, 재선적 또는 상품을 양호한 상태로 보존하거나 당사국의 영역으로 운송하기 위하여 필요한 그 밖의 공정 이외에, 양 당사국의 영역 밖에서 이후의 생산이나 그 밖의 어떠한 공정이라도 거치는 경우, 또는 상품이 비당사국의 영역에서 세관 당국의 통제하에 머물러 있지 아니하는 경우

한-EU FTA와 한-아세안 FTA는 협정 체결국이 많습니다. 운송 여건 등을 이유로 FTA 협정 체결국이 아닌 다른 협정 체결국 보세구역에 보관하다가 국내로 수입하는 화물이 있을 때, 각각 한-EU FTA와 한-아세안 FTA 적용이 가능할까요?

한-EU FTA 협정 체결국인 독일 수출자와 무역계약을 체결하고 독일산 물품을 네덜란드(한-EU 협정국)의 보세창고를 거쳐 국내로 운송되는 화물과 한-아세안 FTA 협정 체약국인 인도네시아 수출자와 무역계약을 체결해서 인도네시아산 화물을 태국(한-아세안 FTA 협정국) 창고에서 보관하다가 국내로 수입되는 경우를 나눠서 살펴보겠습니다.

(1) 한-EU FTA

한-EU FTA 협정 당사자는 유럽연합(EU)이라는 전체를 의미하기 때문에 물품의 원산지 지위가 변경되지 않는 이상 제한 없이 EU 회원국을 경유할 수 있습니다.

(2) 한-아세안 FTA

한-아세안 FTA 협정 당사자는 개별 국가 단위이기 때문에 수출 당사국과 수입 당사국 간에 타국에서 경유 없이 직접운송하는 경우에만 직접운송으로 인정합니다. 따라서, 한-아세안 FTA에 속해 있는 국가를 경유하면 직접운송으로 인정받지 못해 한-아세안 FTA를 적용할 수 없습니다(단, 직접운송 간주 요건 증빙서류 제출 시 예외적으로 인정)

2. 일반 기준(특례 기준)

　FTA 원산지 결정 기준을 보충하는 '원산지 특례(보충)' 기준이 있습니다. 일반 기준과 다르게 협정에서 필수적으로 다루지 않고 있으며, 특례 기준을 충족하지 않는다고 해서 FTA 적용에 문제가 없습니다.

　특례 기준은 다른 원산지 결정 기준이 지니고 있는 한계를 보완하고 FTA 활용을 촉진하여 FTA 체결국 간 수출입 무역을 활성화하기 위해 마련된 규정입니다.

1) 누적 기준(역내가공 원칙 완화)

　누적 기준은 원산지를 결정할 때, 역내산 물품과 함께 FTA 체약 상대국의 생산요소까지 역내산으로 간주하는 것을 뜻합니다. 자국산과 함께 상대 협정국을 원산지로 하는 물품까지 누적해서 역내산으로 인정하는 특례 기준이죠. 당연히 역내산 범위가 확장되기 때문에 FTA 활용도가 증가하게 됩니다.

한국 생산자가 한국산 원재료와 미국에서 수입한 미국산 원재료를 사용해 상품을 생산한다고 가정해 보겠습니다.

한-미 FTA에는 '누적 기준'을 적용할 수 있기 때문에 한국 생산자는 한국산 원재료뿐만 아니라 미국산 원재료까지 한국산으로 간주해서 최종 제품을 한국산 원재료로 결정할 수 있고, 한-미 FTA 특혜를 적용받아 미국으로 수출할 수 있습니다.

당연히 미국산 원재료는 한-미 FTA에서 규정하고 있는 원산지 증명서 형식으로 원산지가 입증되어야 하고, 운송서류(B/L 등)로 직접운송 원칙도 충족해야겠죠.

누적 기준은 요소에 따라 '재료 누적'과 '공정 누적'이 있으며, 재료 누적은 세번변경 기준, 부가가치 기준 충족에 유리하게 적용할 수 있고, 공정 누적은 가공공정 기준 충족에 용이합니다.

구분	미국, 칠레, 싱가포르, 페루, 호주, 캐나다, 뉴질랜드, 콜롬비아	아세안, EFTA, 인도, EU, 터키, 베트남, 중국, 중미
재료 누적	O	O
공정 누적		X

협정별 누적 기준 비교

2) 최소허용 기준(미소 기준, De minimis or tolerance rule)

최소허용 기준은 '세번변경 기준'의 특례입니다. 세번변경 기준은 HS CODE가 최종적으로 변경된 국가에서 해당 물품의 실질이 변경되었다고 봐서 HS CODE(세번)가 마지막에 변경된 국가를 원산지로 하는데요.

최종 제품을 생산하는 과정에서 사용된 비원산지 재료가 세번변경 기준을 충족하지 못하더라도 비원산지 비중(가격 또는 중량)이 FTA 협정에서 정하는 수준 이하라면 비원산지 재료의 HS CODE(세번)가 변경되지 않더라도 최종 제품을 원산지 물품으로 인정하는 규정이 '최소허용 기준'입니다. 대부분의 재료가 역내에서 충분할 정도의 가공을 거쳤다면 미미한 수준의 비원산지 재료 정도는 눈감아 주는 규정이죠.

최소허용 기준은 '세번변경 기준'의 완화(예외) 기준이기 때문에 원산지 결정 기준이 '세번변경 기준'인 품목만 적용할 수 있고, 원산지 결정 기준이 '부가가치 기준'이나 '가공공정 기준'일 경우에는 사용할 수 없습니다.

예를 들어, 국내에서 10,000원의 자동차용 에어백(HS CODE 8708)을 생산하는데 국산 인플레이터(HS CODE 8708), 중국산 커버(HS CODE 3926), 중국산 쿠션(HS CODE 8708)을 사용했다고 보겠습니다. (원산지 결정 기준은 4단위 세번변경 기준이고, 역외산 최소허용 기준은 10%입니다.)

품목	인플레이터	쿠션	커버
원산지	한국(KR)	중국(CN)	
HS CODE	8708		3926
가격	3,000원	900원	1,000원

인플레이터의 원산지는 한국이기 때문에 원산지가 당연히 한국이고, 중국산 커버는 HS CODE가 3926에서 8708로 변경되어 원산지 결정 기준(세번변경 기준)을 충족했습니다.

중국산 쿠션은 HS CODE가 완제품과 동일하게 8708호라서 세번변경 기준에 충족하지 않아서 FTA를 적용할 수 없습니다. 하지만 FTA 협정에서 별도로 최소허용 기준으로 10%를 두고 있고, 쿠션이 최소허용 기준인 1,000원(10,000원의 10%) 이하인 900원이기 때문에 중국산 쿠션은 세번이 변경되지 않더라도 이를 무시하고 최종 완제품 에어백을 한국산으로 인정합니다.

구분	한-아세안 FTA	한-미국 FTA	한-EU FTA	한-중국 FTA
농수산물	물품 가격 대비 10% 이하 (FOB 기준)	물품 가격 대비 10% 이하 (1~24류 CTSH 충족 시 가능)	물품 가격 대비 10% 이하 (EXW 기준)	물품 가격 대비 10% 이하 (15~24류 CTSH 충족 시 가능)
일반제품		물품 가격 대비 10% 이하		
섬유제품	물품 중량 대비 10% 이하	물품 중량 대비 7% 이하	물품 중량 대비 8~30%	가격, 중량 대비 10% 이하

주요 협정별 최소 기준 비교표

3) 중간재

원산지 원재료
(A)

비원산지 원재료
(B)

중간재
(C)

중간재는 원산지 재료(A)와 비원산지 재료(B)를 사용해서 자체적으로 생산한 중간 단계의 반제품(C)을 의미합니다. 원래 원산지를 결정할 때는 중간재를 생산하는 데 사용한 원산지 원재료(A)와 비원산지 원재료(B)를 각각 구분해야 하지만, 중간재 특례 기준으로 중간재를 원산지로 인정받으면 원산지 원재료(A)와 비원산지 원재료(B)의 원산지를 불문하고 중간재(C) 전체를 역내산으로 인정할 수 있습니다.

중간재 특례 기준을 적용하기 위해 아래 지정 요건을 갖춰야만 중간재 생산에 사용된 비원산지 재료를 무시하고 중간재 전체를 역내산 재료로 간주할 수 있습니다.

- 최종 제품 생산자가 자가 생산하였거나 역내에서 생산되었을 것
- 중간재를 생산하기 위해 원산지 원재료, 비원산지 원재료를 혼용할 것
- 중간재가 당해 원산지 결정 기준을 충족할 것
- 완제품의 원산지 결정 기준이 부가가치 기준에 해당할 것

중간재 규정은 원산지 결정 기준으로 역내산 원재료와 비역내산 원재료의 각각 구분이 중요한 부가가치 기준에만 적용할 수 있는 특례 기준입니다.

중간재 생산에 투입된 비원산지가 원산지 물품으로 인정되면 중간재 생산에 투입된 비원산지 재료의 가치가 모두 원산지 재료의 가치로 지위가 변경됩니다. 원산지 부가가치 비율이 높아져서 원산지 결정 기준 충족이 유리하게 됩니다.

하지만 중간재 규정을 적용하기 위해서는 BOM 및 입증 서류를 따로 관리하는 번거로움이 있고, 중간재 특례 기준이 무조건적으로 원산지 결정에 도움이 된다는 보장이 없기 때문에 기업에서는 중간재 지정이 최종 생산품의 원산지 결정

기준 충족에 도움이 되는 경우에만 선택적으로 사용합니다.

4) 간접재료(Indirect Material)

'간접재료'는 물품의 생산, 시험, 검사에 사용하는 것으로
물품에 직접적으로 결합되지 않는 재료 또는 설비를 의미합
니다.

생산용 재료	촉매, 연료, 공구, 주형, 작업복, 윤활유
시험용 재료	상품의 시험 및 검사용 설비, 장치, 소모품
설비용 재료	설비, 건물 유지보수용 부품, 재료

간접재료 예시

FTA 협정 대부분에서는 '중립 요소'라고도 불리는 간접재
료를 직접재료와 구분해서 원산지 결정 기준을 충족할 필요
가 없다고 보는데요. 일부 협정은 간접재료도 직접재료와 동
일한 재료로 봐서 동일한 원산지 결정 기준 충족 여부를 요
구하기도 합니다.

직접재료 제외	싱가포르, EFTA, 아세안, 인도, EU, 페루, 미국, 터키, 캐나다, 중국, 베트남, 콜롬비아, 중미
원산지 재료 간주	칠레, 호주, 뉴질랜드

간접재료 협정별 비교

5) 대체가능 물품(Fungible Goods)

'대체가능 물품'은 곡물, 원유, 가스 등과 같이 물품의 특성이 본질적으로 동일하고 원산지가 다르더라도 상업적으로 충분히 대체가능한 성질을 가진 물품을 의미합니다.

원산지 결정 목적상 원산지 물품과 비원산지 물품은 물리적, 회계적으로 구분해서 관리하는 것이 원칙인데요. 물리적으로 구분하고 관리하는 데 상당한 비용이 소요되고 기술적으로도 구분이 쉽지가 않은 물품은 '대체가능 물품' 특례 제도를 활용해서 기업의 회계상 재고관리기법(개별법, 선입선출법, 후입선출법, 평균법)에 따라 물품의 원산지를 결정하도록 예외를 두고 있습니다.

개별법	구입한 모든 재고자산에 개별적인 원가를 계산하는 방법
선입선출법	장부상 먼저 입고된 것부터 순차적으로 출고된 것으로 간주하는 방법
후입선출법	가장 최근에 입고한 재고부터 판매 또는 제조에 사용된 다고 가정하는 방법
평균법	전체 기간의 재고금액을 재고 총 수량으로 나누어 재고 단가를 결정하는 방법

재고관리기법(출처: 두산백과)

예를 들어 재고관리기법으로 평균법을 사용하고 있는 기업의 탱크에 원산지 가스 300L(30%)와 비원산지 가스 700L(70%)가 보관되어 있습니다. 총 1,000L 가스 중 100L 가 수출되면 원산지 물품(30%)과 비원산지 물품(70%)의 비율 에 따라 원산지 가스 30L, 비원산지 가스 70L가 수출된 것 으로 봅니다.

6) 부속품 등

통상적으로 원산지 결정 기준이 세번변경 기준이고, 아래 기준을 충족하는 기계, 기구, 장치 또는 차량 등에 사용되는 부속품 등은 본 제품과 함께 수입되면 원산지 결정도 본 제품에 따라 결정합니다.

- 부속품, 예비부품 및 공구와 완제품이 하나의 상업송장(Invoice)에 구성될 것
- 부속품, 예비부품 및 공구의 수량 가치가 통상적일 것

하지만 원산지 결정 기준이 세번변경 기준이 아니라 부가가치 기준일 경우에는 부속품 등도 본 제품과 별도로 부가가치를 계상해야 합니다.

구분	한-아세안, 한-캐나다, 한-베트남 FTA	그 외 FTA
세번변경 기준	고려하지 않음	고려하지 않음
부가가치 기준		원산지별 재료비 계상

부속품 등 원산지 결정

7) 포장용품 및 용기

'포장용품 및 용기' 특례 기준은 상품과 동일하게 HS CODE 가 분류되는 포장용품 및 용기의 원산지 결정 기준입니다.

본체의 원산지 결정 기준이 세번변경 기준이면 '포장용품 및 용기' 특례 기준이 고려되지 않지만, 부가가치 기준인 경우에는 '소매용' 포장용품 및 용기일 때 원산지 재료, 비원산지 재료 각각에 대해 부가가치를 산정해야 합니다.

구분	소매용 포장용품 및 용기	운송용 포장용품 및 용기
세번변경 기준	고려하지 않음	고려하지 않음
부가가치 기준	원산지별 재료비 계상	

부속품 등 원산지 결정

8) 세트 물품

'세트 물품'은 서로 다른 성질의 물품을 특정 목적을 위해 하나로 조합한 물품인데요. FTA 협정에는 아래 기준을 만족하는 물품만 특례 기준을 적용할 수 있는 '세트 물품'으로 봅니다.

- 서로 다른 호(4단위 세번)로 분류될 수 있는 둘 이상의 제품으로 구성
- 어떤 욕구를 충족시키든지 어떤 특정 활동을 수행하기

위해 함께 조합

– 재포장 없이 소비자에게 직접 판매하도록 소매용으로 포장

원산지 결정은 원칙적으로 개별 물품을 기준으로 하기 때
문에 세트 물품도 그 구성 물품별로 원산지를 결정하는 것이
원칙입니다. 하지만 세트 물품 특례 기준에 따라 세트 구성품
중 비원산지 물품이 차지하는 비율이 FTA 협정에서 규정하
는 수준(10~15%) 이하라면 해당 세트 구성 물품 전체를 원산
지 물품으로 간주합니다.

한-EU FTA		공장도 가격 15% 이하
한-미국 FTA	일반 품목	조정 가격 15% 이하
	섬유 품목	관세 가격 10% 이하

세트 물품 비원산지 물품 허용 한도

3. 품목별 원산지 결정 기준(PSR, Product Special Rules)

원산지 원재료
(역내산)

비원산지 원재료
(역외산)

비원산지 원재료
(원산지 미상)

불완전
생산물품

일반 기준이 원산지 결정 기준에 대한 대원칙이라면 품목별 원산지 결정 기준(PSR)은 세부 원칙이라고 볼 수 있습니다.

일반 공산품과 같이 최종 생산은 수출국에서 수행했지만, 생산에 사용된 원재료가 원산지 재료(역내산)와 비원산지 재료(역외산) 그리고 원산지를 확인할 수 없는 재료(원산지 미상)가 함께 사용된 '불완전 생산물품'이 있습니다.

이처럼 둘 이상의 국가의 원재료를 사용해 생산, 가공 또는 제조되는 '불완전 생산물품'의 원산지 결정 기준을 '품목별 원산지 결정 기준(PSR, Product Special Rules)'이라고 하고, 개별 FTA 협정문 부속서에 해당 기준을 안내하고 있습니다.

품목별 원산지 결정 기준 형식은 FTA 협정에서 HS CODE 6단위를 기준으로 하나(단일 기준) 또는 선택(선택 기준) 또는 모두(조합 기준) 방식으로 안내하고 있습니다.

- 단일 기준(예시): 세번변경 기준
- 선택 기준(예시): 세번변경 기준 or 부가가치 기준
- 조합 기준(예시): 세번변경 기준 and 부가가치 기준

HS 코드(HS 2012)			품목명	품목별 원산지 규정
류	호	소호		
				04.29호의 것은 제외한다)
		2204.29	-- 기타	6단위 세번변경 기준(소호 제22 04.21호의 것은 제외한다)
		2204.30	- 그 밖의 포도즙	2단위 세번변경 기준
	22.05		베르무트(vermouth)와 그 밖에 이와 유사한 포도주[생포도로 제조한 것으로서 식물이나 방향성(芳香性) 물질로 맛이나 향을 첨가한 것으로 한정한다]	4단위 세번변경 기준

출처: 산업통상자원부 FTA 포털, RCEP 협정문 부속서 3-가

RCEP 품목별 원산지 결정기준 예시

1) 세번변경 기준(CTC, Change in Tariff Classification Criterion)

세번변경 기준에서 말하는 '세번'은 HS CODE를 의미합니다. 최종 완제품에 사용된 비원산지 재료의 HS CODE가 원산지 국가에서 수행한 생산공정을 거치며 최종 완제품의 HS CODE로 '변경'했을 때 원산지로 인정하는 기준입니다.

세번변경 기준은 원산지 물품(역내산)은 고려할 필요가 없고, 비원산지 재료(역외산, 원산지 미상)만 고려하는데요. 비원산지 재료의 HS CODE가 일정 단위 변경(HS CODE 2단위, 4단위, 6단위)해서 최종 완제품이 생산되면 역내에서 실질적 변형이 수행되었다고 봐서 비원산지 재료를 사용해 생산한 물품을 원산지 물품으로 인정합니다.

HS CODE는 통상 가공도에 따라 2단위, 4단위, 6단위 순서로 더욱 세분화되어 있습니다. HS CODE 2단위가 4단위보다 범위가 넓기 때문에 2단위 세번변경 기준이 4단위 세번 변경 기준보다 더 많은 가공을 거쳐야 하고, 원산지 결정 기준을 충족하기가 4단위 세번변경 기준보다 까다롭습니다.

만약 세번변경 기준으로 원산지를 판정한 결과, 원산지 결정 기준을 충족하지 못하는 경우에는 원산지 특례 기준인 '최소허용 기준(De minimis rule)[9]'을 추가로 검토해서 원산지 충족 여부를 다시 확인할 수 있습니다.

① 2단위 변경 기준(CC, Change of Chapter): '류' 단위 변경

원재료(류, 원산지)	공정	생산품(류, 원산지)
살아있는 소(01류, 호주)	도축	냉장 소고기(02류, 한국)

---

9) 최소허용 기준: 비원산지 재료비가 세번변경 기준에 충족하지 않아도 그 비중이 미미할 경우 원산지 물품으로 인정하는 규정

호주산 살아있는 소(01류)를 한국에서 도축 과정을 거쳐 냉장 소고기(02류)로 만들었다면 2단위 '류'가 01류에서 02류로 변경되어 '한국(KR)'이 원산지가 됩니다.

(협정에 따라 충족되지 않는 예시일 수 있습니다. 도축이 불인정공정에 포함된 협정도 있고 호주 FTA에서는 쇠고기에 대하여 1류로부터의 변경은 제외합니다.)

② 4단위 변경 기준(CTH, Change of Tariff Heading): '호' 단위 변경

원재료(호, 원산지)	공정	생산품(호, 원산지)
딸기 향료(3302, 중국)	제조	캔디(1704, 한국)
딸기 색소(3203, 인도)		
설탕(1701, 베트남)		

국내에서 각종 역외산 재료(설탕, 딸기 향료, 딸기 색소)를 이용해 다른 호의 완제품인 '캔디'를 제조했다면 4단위 '세번변경 기준'을 충족해 원산지를 한국(KR)으로 인정받습니다(마찬가지로 협정에 따라 캔디의 원산지 결정 기준이 완전생산 기준인 협정도 존재합니다).

③ 6단위 변경 기준(CTSH, Change of Tariff Sub-Heading):
'소호' 단위 변경

원재료(소호, 원산지)	공정	생산품(소호, 원산지)
볶지 않은 커피 (0901.11, 케냐)	볶음(Roasting)	볶은 커피 (0901.21, 미국)

볶지 않은 케냐산 커피를 미국(US)에서 볶아서 완제품을 생산했다면 6단위 소호 세번변경을 수행한 미국(US)을 원산지로 합니다.

Q 꿀TIP   원산지 결정 기준 선택사항
....

FTA 협정에서 원산지 결정 기준이 선택 사항(or)인 경우라면 원산지 결정 기준 둘 중 하나만 충족하면 원산지 결정 기준을 충족하는 것으로 봅니다.

원산지 결정 기준
다음 각 호의 어느 하나에 해당하는 것에 한정한다. 1. 다른 호에 해당하는 재료로부터 생산한 것(4단위 세번변경 기준) 2. 40% 이상 역내 부가가치가 발생한 것(부가가치 비율)

부가가치 비율(2번) 충족을 검토하는데 원가 증명서, 원산지(포괄) 확인서 등 필요한 서류가 많은데요. 실무에서는 HS CODE 변경만 확인하면 상대적으로 쉽게 원산지 결정 기준 충족 여부를 확인할 수 있는 세번변경 기준(1번)을 선택하는 경우가 많습니다.

....

2) 부가가치 기준(Value Added Criterion)

부가가치 기준은 협정에서 정하는 수준 이상의 부가가치를 창출한 국가를 원산지로 하는 원산지 결정 기준입니다. 원산지 재료(역내산)의 가치가 높을수록, 비원산지 재료(역외산, 원산지 미상)의 가치가 낮을수록 원산지로 인정받기가 수월합니다.

최종 완제품 생산에 사용하는 원재료 등은 여러 협력사에서 공급받습니다. 최종 완제품에 사용된 부가가치를 계산하기 위해서는 회사 내에서 작성한 원가산출내역서 등 사내 서류만큼이나 협력업체가 공급한 재료의 가격 결정 자료(판매단가, 구매단가 등)도 중요하기 때문에 부가가치 기준 판정을 위해서는 평소 협력사와 우호적인 관계를 유지할 필요가 있습니다. 물론 부가가치 비율이 높은 재료 공급업체를 우선적으로 관리해야겠죠.

역내 부가가치 기준 (RVC 방식)	**직접법/집적법** (BU, Build Up)	원산지 재료비가 상품가격에 차지하는 비율을 역내 가치로 보는 방식
		RVC(BU) = (원산지 재료비 / 상품가격) × 100
	공제법 (BD, Build Down)	상품가격에서 비원산지 재료비를 제외한 나머지 부분을 역내 가치로 보는 방식
		RVC(BD) = [(상품가격 − 비원산지 재료비) / 상품가격] × 100
	순원가법[10] (NC, Net Cost)	순원가에서 비원산지 재료비를 제외한 나머지 부분을 역내 가치로 보는 방식
		RVC(NC) = (순원가 − 비원산지 재료비) × 100
역외 부가가치 기준 (MC 방식)	**MC법** (iMport Contents)	공장도 가격에서 비원산지 재료비가 일정 비율 이하일 것을 요구하는 방식
		RVC(MC) = (비원산지 재료비 / 공장도 가격) × 100

부가가치 기준 요약

---

10) 총원가에서 로열티, 운송비, 포장비, 비허용이자, AS 비용, 마케팅 비용 등을 제외한 원가

FTA 협정에서 요구하는 부가가치 기준은 상품가격에서 일정 수준 이상의 부가가치가 역내에서 발생할 것을 요구하고 있습니다. 여기서 말하는 상품가격은 FTA 협정별로 차이가 있습니다.

구분	한-아세안 FTA	한-EU FTA	한-미국 FTA
상품가격	FOB 가격	EX-WORK 가격[11]	FOB 조정가격[12]
부가가치 기준	RVC (BU, BD)	MC법	RVC (BU, BD, NC)[13]
공제 요소	–	환급 내국세	국제 운송비
협정문	제1조	제1조	제6.22조

대표 FTA 협정별 상품가격 항목

11) 상품가격은 한-EU FTA, 한-EFTA, 한-터키 FTA에서 EX-WORKS 가격을 사용하고, 나머지 FTA는 FOB 가격을 기준으로 합니다.

12) 조정가격(Adjusted Value)은 관세를 부과하는 기준인 과세가격을 규정한 국제협정(관세평가 협정)에 따라 결정한 가격으로, 필요한 경우 수출국에서 수입국까지 모든 운송비, 보험료, 서비스 비용, 부과금 또는 경비 등을 제외한 금액입니다.

13) 직접법(BU)과 공제법(BD) 중 선택해서 사용하며 자동차 및 부품은 직접법(BU), 공제법(BD), 순원가법(NC) 중 선택해서 사용할 수 있습니다.

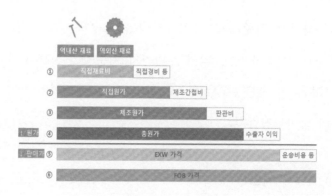

물품 원가 및 판매가 구조

[원가]

① 직접재료비: 회사에서 직접 제조한 물품과 협력사에서 구매한 물품으로 역
내산 재료와 역외산 재료로 구분되고, 재료비 전체는 원가회계상 '직접재료
비'가 됩니다.
② 직접원가(직접비): 직접재료비에 제조 및 구매 과정에서 발생한 각종 경비 등
을 더하면 '직접원가(직접비)'가 됩니다.
③ 제조원가: 물품의 직접원가에 간접원가인 제조간접비(경비 및 노무비 등)를 더
하면 '제조원가'가 산출됩니다.
④ 총원가: 물품의 제조원가에 사무업무를 수행하면서 발생한 간접비인 판관비
(판매비 및 일반관리비)를 더하면 '총원가'가 됩니다.

[판매가]

⑤ EXW 가격: 총원가에 수출자의 이익을 합산하면 수출자 공장에서 판매하는
가격(공장도 가격, EX-WORKS)인 EXW 판매가격이 결정됩니다.
⑥ FOB 가격: EXW 가격에 수출국 내 발생하는 운송비용과 부대비용(행정 처리
비용 등)을 수출자가 부담하고 해당 비용을 판매가격에 합산하면 본선 인도
기준가격인 FOB 가격(Free On Board)이 산출됩니다.

아래 원가 및 판매가격으로 구성된 물품을 기준으로 역내 부가가치 기준(RVC) 40% 이상을 요구하는 한-아세안 FTA(FOB 상품가격 기준), 역외 부가가치 기준(MC) 45% 이하를 요구하는 한-EU FTA(EXW 상품가격 기준)로 부가가치 기준을 좀 더 알아보겠습니다.

①	직접재료비	300원(역내산 270원, 역외산 30원)
②	직접원가	330원
③	제조원가	350원
④	총원가	370원
⑤	EXW 가격	400원
⑥	FOB 가격	700원

수출품목 원가 및 판매가격 구성

① 역내 부가가치 기준(RVC, Regional Value Contents)

역내에서 발생하는 부가가치가 일정 비율 이상일 것을 요구하는 기준입니다. 역내 부가가치 기준(RVC) 방법은 RC(Regional Contents), LC(Local Contents), DC(Domestic Contents) 등으로 불리기도 하는데요. 역내 부가가치 기준은 아래 3가지가 있습니다.

- 직접법(BU, Build Up)

생산자가 상품에 사용한 역내산 원산지 재료비(VOM, Value of Originating Material)가 상품가격에서 차지하는 비율을 이용해 역내 부가가치를 산정하는 방법입니다. 원산지 재료의 가치(가격)로 부가가치를 계산하기 때문에 원산지 재료비 비중이 높은 경우 직접법을 적용하면 원산지 물품으로 인정받기 쉽습니다.

RVC(BU) = (원산지 재료비 / 상품가격) × 100

→ '(270원 / 700원) × 100 = 38.6%'로 한-아세안 FTA에서 요구하는 역내 부가가치 기준(40% 이상)인 '직접법'을 충족하지 못합니다.

- 공제법(BD, Build Down)

상품가격에서 비원산지 재료(VNM, Value of Non-Originating Material)의 가치(가격)를 제외한 나머지 부분(원산지 재료비, 각종 경비, 이윤 등)을 기준으로 역내 부가가치를 산정하는 방법입니다. 국내에서 발생한 각종 비용과 생산자의 이윤 등도 역내 부가가치로 보기 때문에 원산지 재료비 비중이 낮으면 직접법(BU)

보다는 공제법(BD)을 사용하는 게 원산지 충족에 유리합니다.

$$RVC(BD) = [(상품가격 - 비원산지 재료비) / 상품가격] \times 100$$

→ '[(700원-30원) / 700원] × 100 = 95.7%'로 역내 부가
가치 기준 40% 이상이기 때문에 한-아세안 FTA에서 직접법
으로 원산지 기준은 충족하지 못하지만, 공제법으로는 부가
가치 기준 40% 이상을 충족합니다.

제품의 부가가치 비율

○제 품 명 : TORQUE CONVERTER
○모델규격 : BDTC9027
○적용협정 : 한-EU

구분	역내산(원산지 재료 가치의 합계)	A = 비원산지 재료가치의 합계(VNM)	B = 공장도가격(EXW)	부가가치비율 = A/B MC법 적용
원/비율	280,000	230,000	650,000	35.3%

작성일자 : 2020. XX. XX
작 성 자 : 울산무역 수출과 이나리. (이나라)
123-45-47891
울 산 무 역   김 울 산

비원산지 재료가치의
합계 기재요령
국내산(KR)산이 아닌 이상 또는
다른 국가에서 생산된 재료
가치의 합계를 기재하시면
됩니다.

역내산(원산지)재료 가치의
합계 기재요령
국내산(KR)에서 생산된 재료
가치의 합계를 기재하시면
됩니다.
• 협정상대국에서 수입한 제
품 원산지증명서가 있다면
해당 재료도 국내산으로 인정
됩니다.

공장도가격 기재요령
제품의 공장도가격에서 환급
되는 모든 내국세(부가가치세
등)를 공제한 가격을 적어주
시면 됩니다.

부가가치비율 기재요령
한-EU에서 적용되는 부가
가치비율을 계산해 기재
하시면 됩니다.
• MC= 비원산지재료 /
공장도가격

부가가치 비율 계산 서식(예시)

– 순원가법(NC, Net Cost)

직접법(BU)과 공제법(BD)에서 상품가격 대신 순원가(총원가에서 FTA 협정별로 규정한 일정 비용 등을 차감)를 기준으로 부가가치를 산정하는 방식입니다. 직접법(BU)과 공제법(BD)은 FTA 협정에서 품목 제한이 없지만, 순원가법(NC)은 한–미 FTA와 한–캐나다 FTA, 한–콜롬비아 FTA에서 자동차류(자동차 및 그 부분품)에 한정해서 사용됩니다.

협정	산출 방식
한–캐나다 FTA	(비원산지 재료비 / 순원가) × 100
한–미 FTA / 한– 콜롬비아 FTA	[(순원가 – 비원산지 재료비) / 순원가] × 100

순원가법(NC) 산출 방식

② 역외 부가가치 기준(MC, iMport Contents)

역외 부가가치가 일정 비율 이하일 것을 요구하는 방법입니다. 역내 부가가치 기준에 있는 직접법(BU)과 반대되는 개념인데요. 상품가격에서 역내 부가가치가 아닌 비원산지 재료의 역외 가치가 일정 수준 이하면 원산지 기준을 충족합니다. 한–EU, 한–EFTA, 한–터키 FTA 등에서만 채택하고 있습니다.

MC(iMport Contents) = (비원산지 재료비 / 상품가격) × 100

→ 역외 부가가치 기준을 사용하는 한-EU FTA는 상품가격으로 EXW 가격을 사용합니다. 역외 부가가치기준 45% 이하를 기준으로 하는 한-EU FTA에서 '(30원 / 400원) × 100 = 7.5%'는 부가가치 기준을 충족하기 때문에 원산지로 인정받을 수 있습니다.

🔍 **꿀TIP** 부가가치 기준 '버퍼(Buffer)' 비율

'Buffer'의 사전적 의미는 '완충제'입니다. 물품 제조사는 재료비, 제조경비 등이 수시로 변경되어 FTA 협정에서 요구하는 부가가치 기준을 충족하지 못할 수 있는데요. 생산자는 등락하는 원가요소 등에 대비해 FTA 협정에서 요구하는 부가가치 비율보다 다소 보수적으로 설정한 비율인 '버퍼(Buffer)'를 사용해 FTA 불인정 Risk에 대비할 수 있습니다.

예를 들어, 특정 FTA 협정에서 요구하는 원산지 결정 기준은 역내 부가가치 기준(RVC) 40%입니다. 다행히 원산지 결정 기준에 따라 부가가치를 결정한 결과, 역내 부가가치 41%로 판정되어 원산지 증명서를 발행할 수 있었습니다. 하지만 1%밖에 오차가 없으니 회사는 상당히 불안하겠죠. 그래서 회사에서는 FTA 협정에서 요구하는 RVC 40%보다 부가가치 기준을 여유 있게 충족하기 위해 완충(Buffer) 7%를 회사 내의 목표치로 설정해 두고, 역내 부가가치 기준(RVC) 47%를 충족하도록 정할 수 있습니다(Buffer 비율은 회사마다 다릅니다).

3) 가공공정 기준(SP, Specific Process Criterion)

주요 제품에 대해 특정한 생산공정을 제시하고 역내에서 이러한 생산공정을 거쳐야만 원산지 상품으로 인정해 주는 규정입니다.

FTA 협정국가는 특정 산업보호 등을 명목으로 중요하다고 인정되는 물품에 대해 협정별로 주요 공정을 따로 규정하는데요. 해당 공정을 수행한 국가를 실질적 변형을 수행한 원산지 국가로 보는 규정이 가공공정 기준(SP)입니다.

주요 생산공정에 따라 원산지를 결정하기 때문에 객관성이 확보되지만, 생산공정이라는 단일변수로 원산지를 결정하기 때문에 생산공정을 왜곡해서 원산지를 충족하고자 하는 유혹에 빠지기 쉽고, 생산공정 외 새로운 기술 R&D를 저해하는 부작용이 있습니다.

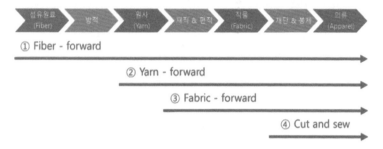

섬유산업 가공공정 단계

가공공정 기준(SP)의 대표적인 품목이 섬유제품입니다. 섬유제품은 원료에서 최종 제품이 생산되기까지 여러 단계의 생산공정을 거치게 되는데요.

한-미 FTA는 의류의 공통 기본 원칙으로 '직물 기준(②Yarn - forward)'을 채택하고 있습니다. 가공공정 기준을 충족하기 위해서는 실(Yarn)을 만드는 공정부터 직물을 만드는 공정(③ Fabric - forward), 재단 및 봉제 공정(④Cut and sew)까지 해당국에서 수행되어야 원산지 기준을 충족할 수 있습니다.

① Fiber forward Rules(섬유 원료 기준)

최종 제품이 사직물 또는 의류인 경우, 원산지 물품인 섬유 원료(Fiber)를 이용해 원사를 방적하고, 직물을 짜고(제직, 편직), 의류를 재단 및 봉제할 것을 요구하는 원칙입니다.

② Yarn forward Rule(원사 기준)

FTA 체결국 내에서 생산된 원사로 직물을 짜고(제직, 편직), 의류를 재단 및 봉제할 것을 요구하는 원칙입니다.

③ Fabric forward Rule(직물 기준)

FTA 체결국 내에서 생산된 비원산지 원사로 직물을 짜고 (제직, 편직), 의류를 재단 및 봉제할 수 있는 기준입니다.

④ Cut and sew Criteria(재단 및 봉제 공정 기준)

섬유류의 원산지 결정에 있어 재단 및 봉제 공정을 수행한 국가를 원산지로 결정하는 기준입니다.

(1) FTA 협정문상 원산지 결정 기준

용어	영문	국문
CTC	A change in Tariff Classification	세번변경 기준
CC	A change to this chapter from any other chapter	HS 2단위 세번변경
CTH	A change to this heading from any other heading	HS 4단위 세번변경
CTSH	A change to this subheading from any other subheading or from any other heading	HS 6단위 세번변경
WO	All the materials used are wholly obtained	완전생산 기준
MC(50)	The Value of all the non-originating materials used does not exceed 50% of the ex-works price of the product	사용된 모든 비원산지 재료의 가격이 공장도 거래가격의 50%를 초과하지 아니할 것
RVC(35/45)	No change in tariff classification provided there is a regional value content of not less than : ① 35% under the build-up method or ② 45% under the build-down method	세번변경 없이 역내 부가가치 기준이 ① 집적법(BU)에 의거 35% 이상이거나 ② 공제법(BD)에 의거 45% 이상일 것

NC(50)	No change in tariff classification provided there is a regional value content of not less than 50% under the net cost method	세번변경 없이 순원가법에 의거 역내 부가가치 기준이 50% 이상일 것
MC(50) of XXXX	The value of all the non-originating materials of heading XXXX used does not exceed 50% of the ex-works price of the product	특정 호에 사용된 모든 비원산지 재료의 가격이 공장도 거래가격의 50%를 초과하지 아니할 것
Within CTH	A change to this heading from any heading, including same heading of the product	다른 호의 제품 또는 해당 호 내의 제품으로부터 변경
CTH or MC(50)	A change to this heading from any heading or all the non-originating materials used should not exceed 50% of the ex-works price of the product	HS 4단위 세번이 변경되거나, 비원산지 재료의 가격이 공장도 거래가격의 50%를 초과하지 아니할 것
CTH or RVC(35/45)	A change to this heading from any other heading : or No change in tariff classification provided that there is a regional value content of not less than : ① 35% under the build-up method or ② 45% under the build-down method	HS 4단위 세번이 변경되거나 세번이 변경되지 않고 역내 부가가치 기준이 ① 집적법(BU)에 의거 35% 이상이거나 ② 공제법(BD)에 의거 45% 이상일 것

CC or MC(50)	A change to this chapter from any chapter, provided that all the non-originating materials used does not exceed 50% of the ex-works price of the product	HS 2단위 세번변경되거나, 사용된 모든 비원지 재료의 가격이 공장도 거래가격의 50%를 초과하지 아니할 것
CTH + MC(50)	A change to this heading from any heading, provided that all the non-originating materials used does not exceed 50% of the ex-works price of the product	HS 4단위 세번변경되고, 비원산지 재료의 가격이 공장도 거래가격의 50%를 초과하지 아니할 것
CC + MC(50)	A change to this chapter from any chapter, provided that all the non-originating materials used does not exceed 50% of the ex-works price of the product	HS 2단위 세번변경되고, 비원산지 재료의 가격이 공장도 거래가격의 50%를 초과하지 아니할 것
CTH + RVC(30/45)	A change to this heading from any other heading : provided that there is a regional value content of not less than : ① 30% under the build-up method or ② 45% under the build-down method	HS 4단위 세번변경되고, 역내 부가가치 기준이 ① 집적법(BU)에 의거 30% 이상이거나 ② 공제법(BD)에 의거 45% 이상일 것
CC ex. from ch XX	A change to this chapter from any other chapter, except from chapter XX	다른 류에서 해당 류로 세번변경 조건, 단 XX류는 제외

CTH ex. from heading XXXX	A change to this heading from any other heading, except from heading XXXX	다른 호에서 해당 호로 세번변경 조건, 단 XXXX호는 제외
CTH ex. from(waste & scrap)	A change to this heading from non-originating materials of heading XXXX, except that (of waste and scrap) of heading XXXX	특정 XXXX호의 비원산지 재료로부터 해당 호로 세번변경 조건, 단 XXXX호의 waste and scrap 제외
VNM less than VOM	The value of all the non-originating materials used does not exceed the value of all the originating materials used	비원산지 재료의 가격이 원산지 재료의 가격을 초과하지 않을 것
CTH+ TV(40)	A change from heading XXXX, whether or not there is also a change from any other heading, provided that the value of the non-originating materials of heading XXXX does not exceed 40% of the transaction value of the good	HS 4단위 세번변경되고, 비원산지 재료의 가격이 거래가격의 40%를 초과하지 않을 것
SP(cutting & sewing)	The good is cut and sewn and assembled in the territory of one or both of the parties	재단 봉제 가공이 해당국 또는 양 당사국 영역에서 수행될 것

(2) 협정별 원산지 결정 기준 검색 방법

① 관세청 FTA 포털(https://www.customs.go.kr/ftaportalkor)에 접속 후 우측 상단의 'FTA 자료실 〉협정별 원산지 결정 기준' 클릭

② HS CODE 6단위 입력 또는 관세율표에서 6단위 클릭

FTA 원산지 결정 기준 표기 조견표(출처: FTA 신청 오류 사례집, 부산세관)

[기관발급]

결정기준	완전생산	세번변경			부가가치	공정	조합	기타 (누적, 미소 역외, 역내산 등)
		CC	CTH	CTSH				
중국					PSR			WP, OP
싱가폴			CTC		VAC	Others	CTC& VAC	OP, De Minimis
아세안		CTC	CTH	CTC				WO-AK, Rule 6
베트남			CTC			Specific Processes	CTH+ RVC%	PE
캄보디아	WO				RVC%			PE, Article 3.5
인도		CC	CTH	CTSH		SP	CTSH+ RVC%	Others
RCEP			CTC		RVC			PE/ACU/DMI/CR
이스라엘					PSR			PE, OP
인도네시아		CC	CTH	CTSH	RVC/ QVC			PE, CC/CTH/CTSH ex
APTA	A		E CTH		b %, C %			

[자율발급]

결정기준	완전생산	세번변경			부가가치	공정	조합	기타
		CC	CTH	CTSH				
미국	WO				PSR			PE(역내산)
호주								PE(역내산) Other(기타)
캐나다								B(역내산) D(세번불충족분)
뉴질랜드					C			B(역내산) D(세번불충족분) E(역외)
페루	A							B(역내산) D(역외)
칠레								C(역내산) D(4.2 1항라호)
콜롬비아					B			C(역내산) D(역외)
중미								C(역내산) D(역외)

PART Ⅳ

원산지 증명서 발급 및 서류

1. 원산지 증명서(C/O, Certificate of Origin)

   1) 원산지(Country of Origin) 중요성

   2) 원산지 증명서(C/O, Certificate of Origin)

   Q 꿀TIP: 연결 원산지 증명서(Back-to-Back C/O)

   Q 꿀TIP: 자율발급에서 원산지 증명서를 주로 발급하는 '인증 수출자'

   Q 꿀TIP: 효율적인 원산지 관리 실무

2. 원산지 확인서(Declaration of Origin)

   1) 원산지 증명서와 차이점

   Q 꿀TIP: 국내 제조 확인서와 원산지 확인서 차이점

   Q 꿀TIP: FTA 원산지 간편 인정 제도(「FTA 특례법 시행규칙」 제12조)

   3) 원산지 확인서의 중요성

   4) 원산지 확인서 발급 방법

   5) 실무 애로사항

PART Ⅳ. 원산지 증명서 발급 및 서류

FTA 원산지 업무는 원산지 증명서나 원산지 확인서 등 각
종 서류를 발급하는 것과 원산지 검증에 대비하여 증빙서류
를 관리하는 것으로 마무리됩니다. 이번 챕터는 원산지 증명
서 등 서류 발급과 작성 방법을 알아보고, 실무에서 발생하
는 에피소드를 소개하겠습니다.

출처: 『스스로 찾아가는 FTA 단계별 묻고 답하기』, 울산세관

1. 원산지 증명서(C/O, Certificate of Origin)

1) 원산지(Country of Origin) 중요성

FTA는 협정 체약국을 원산지로 하는 물품에 대해서만 관세 등 특혜를 제공합니다. 수입기업이 특혜를 제공받기 위해서는 수입물품의 원산지가 수출 FTA 체약국이어야 하기 때문에 '원산지'는 FTA에서 가장 핵심이라 할 수 있습니다.

원산지(Country of Origin)의 사전적 의미는 "해당 물품의 국적으로 어떤 물품이 성장(Growth)했거나 생산(Production), 제조(Manufacture), 가공(Processing)된 국가"를 뜻합니다. 동식물의 경우 성장한 국가이며, 공산품의 경우 제조 또는 가공이 이루어진 국가를 의미하죠.

원산지는 '물품의 생산지'라는 의미이기 때문에 단순한 조립국, 운송 경유국과는 차이가 있습니다.

오늘날 무역은 1개 국가에서 모든 생산공정을 수행하지 않고 2개국 이상에서 생산공정을 분업해서 최종 완제품을 생산합니다. 생산에 투입되는 원재료는 수출국 내에서 조달하기도 하고 해외(역외국)에서도 조달하기 때문에 원산지를 결정하기가 더욱 어려워지고 있습니다.

2) 원산지 증명서(C/O, Certificate of Origin)

① 의미

수입국 세관은 수입자가 신고하는 물품의 원산지가 FTA 수출 체약국이라는 사실을 확인하는 서류로 '원산지 증명서(C/O)'를 요구합니다. 해외여행 갈 때 여권을 통해서 여행자의 국적을 확인하듯이 수입물품의 국적을 입증하는 서류가 바로 수출국에서 발행한 '원산지 증명서(C/O)'입니다.

원산지 증명서 양식은 협정마다 조금씩 다르게 규정되어 있어서 FTA 특혜를 받기 위해서는 각 협정에서 요구하는 양식에 맞게 올바르게 작성된 원산지 증명서를 사용해야 합니다.

'원산지 증명서'는 FTA 협정에 따라 2가지(원산지 증명서, 원산지 신고서)로 지칭되지만, 수출국 원산지를 입증하는 서류라는 의미는 동일합니다. 책에서는 '원산지 증명서'로 통일해서 사용하겠습니다.

원산지 증명서 (Certificate of Origin)	칠레, 싱가포르, 아세안, 인도, 미국, 페루, 캄보디아
원산지 신고서 (Origin Declaration)	EU, EFTA, 페루, 튀르키예, 영국, RCEP, 이스라엘

원산지 증명서 용어

② 원산지 역내산 전환 방법

원산지 증명서를 발행하기 위해서는 당연히 수출물품이 원산지 결정 기준을 충족하는지 확인하는 과정으로 '원산지 판정'이 선행되어야 합니다. 회사에서 준비한 자료를 통해 원산지 결정 기준을 충족하지 않는다면 추가적으로 아래 방법을 활용해 역내산으로 지위를 전환할수 있는 방법을 모색해야 합니다.

– 협력사에서 원산지(포괄) 확인서 수취

세번변경이 되지 않은 원재료나 최종 제품에서 차지하는 가격 비중이 높은 원재료에 대해 원산지 확인서를 수취하는 방법입니다. 세번변경 기준의 적용 대상은 비원산지 원재료만 해당하기 때문에 원산지 확인서를 수취하면 세번이 변경되지 않아도 원산지 결정 기준을 충족하게 되고, 부가가치 기준 물품은 단가가 높은 원재료를 중심으로 원산지 확인서를 수취한다면 원산지 확인서를 수취한 원재료 가격만큼 역내산 부가가치로 인정받기 때문에 역내산 판정 확률이 높아집니다.

– 최소허용 기준(미소 기준) 검토

세번변경 기준 충족을 용이하게 하는 원산지 결정 기준의 특례 기준인 최소허용 기준 적용을 검토하는 방법입니다. 세번변경 기준을 충족하지 않은 원재료가 차지하는 비중이 미미한 경우, 역외산 재료도 완제품의 원산지로 인정해 주기 때문에 핵심 원재료가 아닌 원재료에 대해 검토할 필요가 있습니다.

- 중간재 규정 검토

세번변경 기준의 충족을 돕는 것이 미소 기준이라면 중간재 규정은 부가가치 기준의 충족을 돕는 규정입니다. 원산지 판정 결과 중간재가 역내산으로 판정되면 중간재 전체를 원산지 재료의 가치로 계상할 수 있는 효과가 있습니다.

중간재 규정은 비원산지 재료의 가치를 원산지 재료의 가치로 인정해 주는 것이기 때문에 원산지 검증 시 타깃이 될 수 있습니다. 중간재 규정에 대한 증빙자료를 반드시 구비해 두는 것이 좋습니다.

③ 원산지 증명서 종류

원산지 증명서는 수입국 세관통관 과정에서 수입자가 관세 특혜용으로 사용하는 '특혜 원산지 증명서'와 관세 혜택 이외의 목적에 사용하는 '비특혜 원산지 증명서'가 있습니다. FTA 원산지 증명서가 대표적인 특혜 원산지 증명서인데요. 비특혜 원산지 증명서는 수입국의 정책적 목적(특정국가 수입제한, 반덤핑 관세 조사, 무역통계 및 정책 수립 등)으로 요구합니다.

예를 들어, 철강제품에 대해 수입 A 국에서 50% 덤핑방지 관세를 부과한다는 공고를 낸 뒤, 수입 철강에 대한 원산지 확인용으로 '비특혜 원산지 증명서'를 요구할 수 있습니다.

구분	특혜 원산지 증명서	비특혜 원산지 증명서
발급 주체	세관, 상공회의소, 수출자	상공회의소
특징	관세 면제 또는 인하	해외 바이어의 자국 내 불공정 무역 행위 등을 이유로 요구
종류(예시)	– FTA(자유무역협정) 원산지 증명서 – 일반 특혜 원산지 증명서	– 일반 원산지 증명서

원산지 증명서 종류

– 일반 특혜 원산지 증명서

일반 특혜 원산지 증명서란 특혜 원산지 증명서 중 'FTA 원산지 증명서'를 제외하고 관세 혜택을 받기 위해 사용하는 원산지 증명서를 의미합니다.

APTA 특혜관세 (Asia- Pacific Trade Agreement)	'아시아-태평양 무역협정'으로 1976년 방콕협정에서 시작한 아시아-태평양 지역 국가 간의 특혜 무역협정으로 중국, 인도, 스리랑카, 방글라데시, 라오스, 몽골을 대상국으로 합니다,
최빈개발도상국 특혜관세[14]	'GATT 개발도상국 간의 무역협상에 관한 의정서'에 따라 개발도상국 간 통상 확대 및 경제 협력을 목적으로 GATT 체제하에 체결한 제도로 한국으로 수입 시에만 적용됩니다.
일반특혜관세(GSP, Generalized System of Preference)	일반특혜관세 적용국(벨라루스, 러시아, 호주, 카자흐스탄)으로 수출하는 한국 수출기업이 체약 상대국 수입자의 특혜관세 혜택을 주기 위해 작성합니다.
개발도상국 특 혜무역제도[15] (GSTP, Global System of Trade Preferences)	개발도상국 간 특혜무역제도로 개발도상국 간 상호관세인 하 등 무역 장벽을 완화하고 교역을 촉진하기 위한 일반 특혜 원산지 제도입니다. 최빈개발도상국 특혜관세와 달리 수입, 수출 모두 적용됩니다.

일반 특혜 원산지 증명서 종류

---

14) 아시아 및 오세아니아(아프가니스탄, 방글라데시, 캄보디아, 미얀마, 부탄, 키리바시, 라오스, 네팔, 투발루, 바누아투, 솔로몬제도, 예멘, 동티모르), 아프리카(앙골라, 베냉, 부르키나파소, 부룬디, 중앙아프리카공화국, 차드, 코모로, 지부티, 예리트, 레아, 에티오피아, 감비아, 기니, 기니비사우, 레소토, 라이베리아, 마다가스카르, 말라위, 말리, 모리타니, 모잠비크, 니제르, 르완다, 상투메프린시페, 시에라리온, 소말리아, 수단, 탄자니아, 토고, 우간다, 콩고민주공화국, 잠비아, 세네갈, 남수단), 아메리카(아이티)

15) 아시아(파키스탄, 베트남, 싱가포르, 인도, 인도네시아, 말레이시아, 스리랑카, 북한, 태국, 필리핀, 미얀마, 방글라데시), 아메리카(페루, 쿠바, 니카라과, 멕시코, 가이아나, 에콰도르, 볼리비아, 칠레, 트리니다드토바고, 아르헨티나, 브라질, 콜롬비아, 베네수엘라, 우루과이, 파라과이), 아프리카(짐바브웨), 가나, 알제리, 리비아, 나이지리아, 카메룬, 모로코, 튀니지, 수단, 기네아, 베닌, 모잠비크, 탄자니아)

[별지 서식]   (앞쪽)

원산지증명서

1. 수출자(상사명, 주소 및 국가명)	번호: 최빈개발도상국 특혜 원산지증명서 (신고 및 증명겸용)				
2. 수입자(상사명, 주소 및 국가명)	발급국가명: _____ ※ 발급 시 뒤쪽 참조				
3. 운송 수단 및 경로	4. 공용란				
5. HS번호	6. 포장의 확인 및 번호	7. 포장의 개수·종류 및 품명	8. 원산지 기준(뒤쪽 참조)	9. 총중량 또는 수량	10. 송장번호 및 날짜
11. 수출자의 신고 아래의 자는 위의 기재내용이 정확하며, 모든 물품이 (국가명)에서 생산되고, 「최빈개발도상국에 대한 특혜관세 공여 규정」에 따른 원산지규정에 합치됨을 신고합니다.	12. 증 명 수출자의 신고를 심사한 결과, 그 신고가 정당하다는 것을 증명합니다.				
작성지, 작성 연월일 및 서명권자의 서명	증명 발급지, 발급연월일, 증명 발급기관의 서명 및 소인				

최빈개발도상국 특혜관세 '원산지 증명서'

- 비특혜 원산지 증명서

최근 지정학적, 환경적인 이슈가 부상하면서 미국, EU 등 수출물품에 대한 비특혜 원산지 증명서의 중요성이 날로 높아지고 있습니다.

비특혜 원산지 증명서 발급을 신청할 때 상대 수입국 국내

법에서 요구하는 원산지 기준을 적용(우리나라는 「대외무역법 시행령」 제61조 제3항)하는데요. 만약 상대 수입국 국내법에 원산지 규정이 없다면 「대외무역법령」의 수입품에 대한 원산지 결정 기준을 적용할 수 있습니다.

비특혜 원산지 증명서 이슈는 갈수록 증가하고 있어 우리 수출기업이 비특혜 원산지 증명서 판정도 사전에 점검할 필요가 있습니다.

Q **꿀TIP**   연결 원산지 증명서(Back-to-Back C/O)

. . . .

(1) 연결 원산지 증명서란?

최초 수출국에서 발행된 원산지 증명서를 근거로 중간 당사국에서 발행하는 원산지 증명서를 '연결 원산지 증명서'라고 합니다. 최초 수출국과 중간 당사국, 그리고 최종 수입국이 모두 동일한 FTA를 체결한 경우에만 활용할 수 있는 특수한 원산지 증명서입니다.

(2) 활용 협정

연결 원산지 증명서는 최소 3개국(최초 수출국과 중간 당사국, 그리고 최종 수입국)이 관여되기 때문에 단일 국가 대 국가(양자 간) FTA가 아닌 다자간 FTA인 한-아세안 FTA와 RCEP에서 발행할 수 있습니다. 한-EU FTA는 가입국 전체를 역내로 보기 때문에 연결 원산지 증명서를 발행할 필요가 없습니다.

(3) 발행 요건

연결 원산지 증명서를 발행하는 중간 경유국에서의 수입자(최종 수입국으로 물품을 수출하는 수출자)가 동일(인적 요건)해야 하며, 최초 원산지 증명서에 기재된 물품과 연결 원산지 증명서를 발급받는 물품도 동일(물적 요건)해야 합니다.

. . . .

(4) 구비 서류

연결 원산지 증명서 심사는 원산지 인증 수출자의 '첨부서류 제출 생략' 혜택을 적용하지 않기 때문에 필요 구비 서류를 미리 챙겨야 합니다.

① 원본 원산지 증명서(다만 발급기관장이 별도로 요구하지 않는 경우에는 사본으로 대신할 수 있음)
② 수출신고필증 또는 이를 갈음하는 서류
③ 송품장 또는 거래 계약서
④ 수입한 물품과 재수출하는 물품 간 동일성 증빙서류
　가. 해당 수입물품에 대한 수입신고필증
　나. 해당 수입물품에 대한 국제운송서류 사본

(5) 발행 시기

연결 원산지 증명서는 보세 상태로 신청해야 할까요, 수입통관 후 발급해야 할까요? 연결 원산지 증명서는 발행 요건(인적, 물적 요건)만 갖춘다면 보세 상태 또는 수입통관 시기와 관계없이 중간 경유국에서 발행할 수 있습니다. 다만, 수입신고 수리 후 연결 원산지 증명서가 발급되는 경우에는 중간 경유국에서 추가 가공이 없다는 입증 자료를 원산지 증명서 발급기관에 구체적으로 제출해야 겠죠.

④ 발급 방식

수출자는 원산지 결정 기준을 충족하는 한국산 제품에 대해 역내산을 입증하는 '원산지 증명서'를 최종 발급할 수 있습니다.

구분	자율발급	기관발급
장점	- 발급 절차 신속성 및 경비 절감 - 통관 절차 간소화	- 우회 수입 방지 - 수출입에 대한 공신력 증대
단점	- 허위 증명 가능성 - FTA 전문인력 부재 시, Risk 발생	- 발급 절차 복잡 - 발급 시간 및 비용 증대
대상 협정	- 칠레, EFTA, EU, 페루, 미국, 튀르키예, 콜롬비아, 중미, 영국, RCEP, 캄보디아, 이스라엘, 뉴질랜드	- 중국, 베트남, 싱가포르, 아세안, 인도, RCEP(인증 수출자가 아닌 경우), 이스라엘, 캄보디아, 인도네시아
	- 호주: 한국 → 자율발급, 호주 → 자율발급 & 기관발급	

원산지 증명서 발급 방식

- 자율발급

'자율발급'이란 FTA 협정에서 정하는 방법과 절차에 따라 수출자(FTA 협정에 따라 생산자, 수입자를 포함)가 직접 원산지 증명서를 발급하는 방식입니다.

수출자가 직접 물품을 생산하면 회사 내 서류를 이용해 원산지 증명서를 자율적으로 발급하고 수출품의 생산자가 따로 있는 경우에는 원산지 확인서(또는 원산지 소명서)를 근거로 원산지 증명서를 작성합니다.

FTA 협정에 따라 인증 수출자가 아닌 경우에는 원산지 증명서 발급이 제한되는 경우가 있으니 FTA 활용 시에 발급 대상 협정문 규정을 반드시 참고해야 합니다.

협정	내용
한-EU FTA / 한-영국 FTA	건당 6,000유로 초과 수출 시 인증 수출자에 한하여 원산지 증명서 자율발급
한-페루 FTA	인증 수출자이거나 탁송화물인 경우, 총가격 미화 2천 달러 이하인 경우에 자율발급
RCEP	원칙은 기관발급, 인증 수출자에 한해 자율발급 허용
한-이스라엘	원산지 상품 가치가 미화 1천 달러를 초과하는 물품의 경우, 인증 수출자만 자율발급

제한적 자율발급 협정

원산지 증명서 자율발급은 수출자 등이 자체적인 판단으로 원산지 증명서를 발행하기 때문에 수출자 등은 원산지 결정 기준 충족 여부를 충분히 확인하지 않고 원산지 증명서를 발급하는 경우가 매우 많습니다.

자율적으로 발급할 수 있다는 의미이지 FTA 사후 검증 대상에서 면제되는 것은 절대 아니기에 반드시 소명자료를 사전에 철저히 준비해야 합니다. 더불어 평소에 '원산지 증명서 작성대장'과 '원산지 증명서 서명카드'를 비치하고 원산지 증명서 사후 관리에 더욱 신경 써야 합니다.

■ 자유무역협정의 이행을 위한 관세법의 특례에 관한 법률 시행규칙 [별지 제7호서식]

원산지증명서 작성대장

작성상법을 읽고 작성하여 주시기 바랍니다.

1. 번호	2.작성 ( )일	3.수출·입 신고번호 및 수리일	4.품명	5.품목번호 (HS No.)	6.수량/ 금액	7.원산지	8.거래 상대방	9.자유무역 협정명칭	10.원 산 지 결정기준	11.비고
20 – 00003	2020. XX.XX	110-10-20-X XXXXXXX 2020.XX.XX	TORQUE CONVERTER BDTC9027	8708.40	1EA / ₩650, 000	KR	DEU (독일)	한-EU FTA	MC 50%	

원산지증명서 작성대장 기재 대상

인증수출자 및 원산지증명서 자율발급 신청자는 원산지 증명서 작성대장을 작성해야 합니다.

123-45-47891

울산무역 김울산

울산광역시 남구 대알길 90번길 27번지

■ 자유무역협정의 이행을 위한 관세법의 특례에 관한 법률 사무처리에 관한 고시 [별지 제9호서식]

원산지증명서 서명카드

일련 번호	서 명	부서명	직책	성명	지정일자 및 사유	해제일자 및 사유
1	김울산	-	대표	김울산	2018.XXXX (사무분장)	
2	이명한	수출과	대리	이명한	2018.XXXX (사무분장)	2020.01.02. (퇴사)
3	이나라	수출과	대리	이나라	2020.01.02. (업무이전)	

원산지증명서 서명카드 작성대상

인증수출자 및 원산지증명서 자율발급 신청자는 원산지 증명서 서명카드를 작성해야 합니다.

123-45-47891

울산무역 김울산

울산광역시 남구 대알길 90번길 27번지

Q 꿀TIP 자율발급에서 원산지 증명서를 주로 발급하는 '인증 수출자'

....

(1) 인증 수출자 제도

자율발급은 수출자가 자율적으로 해당 물품의 원산지를 확인해서 원산지 증명서를 작성하는 제도이기 때문에 공신력이 떨어지고, 허위로 원산지 증명서를 작성할 우려가 높은데요. 이러한 단점을 보완하기 위해 '인증 수출자 제도'가 있습니다.

인증 수출자는 관세 당국이 원산지 증명 능력이 있다고 인증한 수출자에게 원산지 증명서 발급 절차를 생략(원산지 증명서 발급 권한을 수출자 등에 부여)하고 첨부서류 제출을 간소화하는 혜택을 부여한 제도입니다. FTA 체결국이 증가하면서 세관은 원산지 증명서 발급 및 관리를 모두 할 수 없어서 인증된 수출자에게 스스로 원산지를 판정하고 관리하도록 합니다.

구분	협정국가
적용	EU, 영국, 아세안, 싱가포르, 인도, 중국, 베트남, EFTA, RCEP(한국, 중국, 일본, 호주, 싱가포르, 태국- 22년 기준), 캄보디아, 이스라엘
미적용	그 외 FTA 협정국

인증 수출자 운영 협정

인증 수출자 지정은 자율적으로 원산지를 판단할 수 있는 권한을 준 것이지 모든 물품을 한국산으로 공인한 것이기 아니기 때문에 인증을 받더라도 기업은 책임지고 원산지 결정 기준 충족 여부를 스스로 판단해야 합니다.

(2) 구분

인증 수출자는 특정 FTA 협정에 있는 정해진 품목(HS 6단위)만 원산지 결정 능력이 있다고 세관에서 인정하는 '품목별 인증 수출자'와 모든 FTA와 모든 품목(HS 6단위)에 대해 업체 스스로 원산지 결정 능력이 있다고 인정한 '업체별 인증 수출자'가 있습니다.

....

구분	업체별 원산지 인증 수출자	품목별 원산지 인증 수출자
혜택 범위	모든 협정, 모든 품목	인증받은 협정별 HS 6단위
유효 기간	5년	5년(법규 준수도에 따라 차등 적용 가능)
인증 기준	협정 상대국별 원산지 증명 능력 및 법규 준수도	HS CODE 6단위별 원산지 증명 능력 및 법규 준수도
인증 기관	본부 세관(서울, 부산, 인천, 대구, 광주) 및 평택 직할 세관	
인증 혜택	1회 인증으로 인증 수출자의 모든 수출물품에 대해 원산지 증명서(C/O) 발급 절차 간소화 가능	품목별 인증을 통해 인증 품목에 대해 원산지 증명서(C/O) 발급 절차 간소화 가능
인증 요건	- 원산지 관리 시스템 또는 원산지 증명 능력 보유 - 원산지 증명서 작성대장 비치 관리 여부 - 원산지 관리 전담자 지정 및 운영 여부 - 최근 2년간 원산지 조사 거부 사실 無 - 최근 2년간 서류 보관 의무 위반 無 - 최근 2년간 원산지 증명서 부정 발급 無	- 해당 품목(HS 6단위) 원산지 결정 기준 충족 여부 - 원산지 증명서 작성대장 비치 관리 여부 - 원산지 전담 관리자 지정 및 운영 여부

인증 수출자 종류

다수의 품목을 여러 협정국가에 수출한다면 인증 절차가 다소 복잡하더라도 '업체별 인증 수출자'를 받는 것이 유리하지만, 제한된 품목을 특정 국가로 수출한다면 인증 절차가 비교적 간단한 '품목별 인증 수출자'를 받는 것이 유리합니다. 인증 수출자는 서류 제출 생략 등 특혜가 부여되지만, 지켜야 할 의무사항도 있습니다. 원산지 자율 관리(서류 관리, 법규 준수)를 이행하고 인증사항이 변경되면 변경사항을 신고해야 하죠.

원산지 인증 수출자 업체의 정보 중 변경신고 사항(상호, 주소, 대표자 성명, 원산지 관리 전담자 등)이 발생한 경우 지체 없이 관할 세관장에게 변경신고하고, 세관장은 신고 내용이 타당할 시 신고받은 날부터 7일 이내 인증사항 변경신고 수리서를 교부합니다. 하지만 아래 사항이 변경된 경우에는 변경 신청이 불가하며, 새로운 인증을 취득해야 합니다.
- 개인 사업자: 대표자, 사업자등록번호 변경
- 법인 사업자: 사업자등록번호가 변경되는 등 기업의 분할, 인수합병 등으로 기업의 동일성 및 연속성이 인정되지 않는 경우
- 품목별 원산지 인증 수출자의 인증 품목에 대한 품목번호 오류가 있거나 원산지 결정 기준 또는 인증 품목의 변경 등 인증사항에 실질적인 변화가 있는 경우

인증 수출자 유효 기간이 만료되면 '갱신심사'를 통해 원산지 인증 수출자 유지 여부를 세관 당국이 재심사합니다. 업체 스스로 매년 원산지 관리 능력을 점검하는 '자율 점검 성실 인증 수출자'는 인증 요건 심사 없이 제출한 서류(원산지 인증 요건 관리 확약서, 원산지 관리 전담자 보유 증빙자료, 위임장)만 확인해서 연장 승인하기 때문에 쉽게 '갱신심사'를 통과할 수 있습니다.

(3) 신청 방법 및 심사 절차(인증서 교부 30일로 개정)

인증 수출자 신청 후 30일 이내에 세관에서 처리하며 보정 기간과 현지 확인 기간은 동 기간에 산입되지 않습니다. 품목별 심사의 경우 2주 정도 내에 처리되기도 하며, 인증 신청이 몰리는 상황에는 30일을 꽉 채우기도 합니다.

인증 수출자는 법인 또는 사업장의 주소지를 관할하는 세관장 앞으로 아래 구비 서류를 지참해서 신청하면 됩니다.

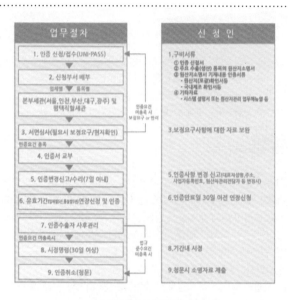

출처: 관세청 홈페이지

업체별 원산지 인증 수출자		품목별 원산지 인증 수출자	
첨부서류	비고	첨부서류	비고
업체별 원산지 인증 수출자 인증(연장)신청서	대표 품목 5가지 내외	품목별 원산지 인증 수출자 인증(연장) 신청서	인증받고자 하는 품목
업체별 인증 수출 통계 양식	–	–	–
원산지 관리 업무 매뉴얼(또는 시스템 설명서)	–	–	–
원산지 소명서	–	원산지 소명서	–

소요 부품 명세서(BOM)	–	소요 부품 명세서(BOM)	–
제조공정도	–	제조공정도	–
원산지(포괄) 확인서	생산자와 수출자가 다른 경우, 원재료가 KR인 경우	원산지(포괄) 확인서	생산자와 수출자가 다른 경우, 원재료가 KR인 경우
국내 제조(포괄) 확인서	생산 누적 증빙이 필요한 경우	국내 제조(포괄) 확인서	생산 누적 증빙이 필요한 경우
제품의 부가가치 비율	부가가치 기준 및 미소 기준 사용	제품의 부가가치 비율	부가가치 기준 및 미소 기준 사용
원재료 구입 증빙서류	거래명세표, 세금계산서, 수입신고필증 등	원재료 구입 증빙서류	거래명세표, 세금계산서, 수입신고필증 등
제품 카탈로그 등 물품 설명 자료	–	제품 카탈로그 등 물품 설명 자료	–
원산지 인증 수출자의 서면 확인서	–	원산지 인증 수출자의 서면 확인서	–
원산지 증명서 서명 카드	–	원산지 증명서 서명 카드	–
원산지 증명서 작성대장	–	원산지 증명서 작성대장	–
원산지 관리 전담자 요건 확인 증빙서류	내(외)부 원산지 관리 전담자	원산지 관리 전담자 요건 확인 증빙서류	내(외)부 원산지 관리 전담자

인증 수출자 필요 서류

■ 자유무역협정의 이행을 위한 관세법의 특례에 관한 법률 시행규칙 [별지 제25호서식]

업체별 원산지인증수출자 인증(연장) 신청서

※ 작성방법을 읽고 작성하여 주시기 바라며, [ ]에는 해당하는 공란 √표시를 합니다.   (2쪽 중 제1쪽)

※ 세관기재란(For Official Use Only)			
접수번호	접수일		처리기간 20 일

1. 신청구분	신규인증 [√] 인증유효기간 연장 [ ]				
2. 신청인	상호	(한글) 울산무역	사업자등록번호 123-45-67891		
		(영문) ULSAN TRADE CORP.			
	주소	(한글) 울산광역시 남구 대암로 90번길 27번지	대표자 성명	(한글) 김울산	
		(영문) 27, 90 DAEAMRO NAMGU ULSAN		(영문) Kim Ulsan	
	전화번호 052-123-4567		팩스번호 052-123-4568		
	전자우편주소 ulsantrade@ulsan.co.kr		인증번호		※ 세관에서 기재

3. 인증요건	원산지결정기준을 충족하는 물품을 수출 또는 생산하는 자로서 전산처리시스템 또는 원산지증명능력 보유 여부	[√]예 [ ]아니오
	신청일을 기준으로 이전 최근 2년간 원산지조사 거부 여부	[ ]예 [√]아니오
	원산지증명서 작성대장 비치 및 관리 여부	[√]예 [ ]아니오
	원산지관리전담자 지정 및 운영 여부	[√]예 [ ]아니오
	신청일을 기준으로 이전 최근 2년간 서류의 보관의무 위반 여부	[ ]예 [√]아니오
	신청일을 기준으로 이전 최근 2년간 속임수 또는 부정한 방법으로 원산지증명서를 발급신청 또는 작성·발급 여부	[ ]예 [√]아니오

4. 주요 수출(생산)물품

연번	품목번호(HS No.)	품명	적용대상협정	원산지	원산지결정기준
1	8708.40	TORQUE CONVERTER	한-EU FTA	KR	MC 50%

5. 원산지관리전담자

연번	성명	직위	소속부서	전화번호	팩스번호	전자우편주소
1	이나라	대리	수출과	052-123-2210	052-123-4568	Nara@bada.com

「자유무역협정의 이행을 위한 관세법의 특례에 관한 법률 시행규칙」 제17조제1항(제8항)에 따라 업체별 원산지인증수출자 인증(연장)을 신청합니다.

> 원산지관리전담자 지정요건
> 변호사, 관세사, 공인회계사 외에는 해당 업체의 소속 직원 중 공인받은 원산지관리 자격을 취득하거나 관련 교육을 이수한 자에 한해 지정될 수 있습니다.

2020년   XX월   XX 일

신청인: 울산무역 김울산 (김울산)
123-45-47891
울산무역 김울산
울산광역시 남구 대암로 90번길 27번지

관 세 청 장
대 구 세 관 장   귀하

첨부서류	1. 수출 또는 생산하는 주요 품목의 원산지소명서(원산지증명을 위한 전산처리시스템 현황자료 제출시 생략이 가능합니다) 2. 원산지확인서(최종품목에 대한 원산지확인서로서 생산자와 수출자가 다른 경우에 제출합니다) 3. 원산지소명서에 기재된 내용을 입증할 수 있는 서류·정보 및 국내제조확인서(관세청장 또는 세관장이 요구하는 경우에 제출합니다)	수수료 없 음

업체별 원산지 인증 수출자 인증(연장) 신청서(샘플)

(4) 인증 수출자 취득 후 유의사항

인증 수출자라고 하더라도 사후 검증이 면제되는 것은 아닙니다. 인증 수출자 취득 후 원산지 요건 충족 여부를 확인하지 않은 물품도 원산지 증명서를 발행해야 하는 경우가 발생합니다.

인증 수출자는 원산지 증명서 발행 절차가 간소해지는 것일 뿐 책임과 소명 의무는 그대로 유지되기 때문에 원산지 증명서를 발행하는 모든 품목에 대한 검토는 필수입니다.

※ 한-EU FTA 인증 수출자 번호

한-EU FTA는 6,000유로를 초과하는 물품에 대해 인증 수출자에 한해서 원산지 증명서를 자율발급할 수 있습니다. 한-EU FTA 활용 증가에 따라 원산지 신고서에 인증 수출자 번호가 아닌 다른 번호(EORI[16], VAT[17])를 잘못 기재하여 FTA 특혜 신청하는 사례가 있어, 아래와 같이 단계별로 그 유효성을 확인할 필요가 있습니다.

출처: 『스스로 찾아가는 FTA 단계별 묻고 답하기』, 울산세관

- 기관발급

'기관발급'이란 협정이 정하는 방법과 절차에 따라 원산지 국가의 관세 당국 및 기타 발급 권한이 있는 기관에서 FTA 협정 대상 물품의 원산지를 확인해서 원산지 증명서를 발급

---

16) EORI(Economic Operator Registration & Identification): EU 관세국 단일 체계의 등록번호(통관고유부호 역할)

17) VAT(Value Added Tax) No: EU 당사국의 법인(회사)이 등록, 부여받는 번호

하는 제도입니다.

우리나라는 관세청과 대한상공회의소에서 원산지 증명서를 발급하며 보통 관세법인에서 발급을 대행합니다.

기관발급 심사기간은 현지 확인이 필요 없는 경우 3일 이내로 규정하고 있지만, 실무에서는 보통 당일이나 익일 정도 기간 내에 발급이 완료됩니다.

관세청	① 관세청 Uni-Pass(http://unipass.customs.go.kr) 접속 》 공인인증서 로그인 》 전자신고 》 신청서 작성 》 FTA ② FTA 원산지 증명서 신청 》 신청 개요 》 공통사항 》 공통 내역 순차적으로 작성
대한상공회의소	① 대한상공회의소 원산지증명센터(http://cert.korcham.net) 접속 》 공인인증서 로그인 ② 원산지 증명서 》 일반(비특혜) 원산지 증명서, FTA 체결 원산지 증명서 등 선택 신청

기관발급 원산지 증명서 발급 경로

⑤ 유효 기간(「FTA 특례법 시행령」 제6조)

원산지 증명서는 아래 경우를 제외하고는 발급일 또는 서명일부터 1년을 유효 기간으로 합니다.

협정	유효 기간	협정	유효 기간
한-칠레 FTA	서명일부터 2년	한-캐나다 FTA	서명일부터 2년
한-아세안 FTA	발급일부터 1년[18]	한-뉴질랜드 FTA	서명일부터 2년
한-베트남 FTA	발급일 다음 날부터 1년[19]	한-페루 FTA	서명일부터 1년[20]
한-미국 FTA	서명일부터 4년	한-인도네시아 FTA	발급일부터 1년[18]
한-호주 FTA	발급일 또는 서명일부터 2년	한-이스라엘 FTA	발급일 또는 서명일부터 1년

원산지 증명서 유효 기간

원산지 신고서 작성 일자와 인보이스 발행 일자가 다르다면 원산지 신고서 작성 일자를 기준으로 합니다.

---

18) 협정에 따라 잘못 발급된 원산지 증명서를 대체하기 위하여 재발급되는 원산지 증명서의 경우에는 당초 발급된 원산지 증명서의 발급일부터 1년으로 한다.

19) 협정에 따라 잘못 발급된 원산지 증명서를 대체하기 위하여 재발급되는 원산지 증명서의 경우에는 당초 발급된 원산지 증명서의 발급일 다음 날부터 1년으로 한다.

20) 원산지 증명서에 기재된 물품이 비당사국 관세 당국의 관할하에 일시적으로 보관된 경우에는 2년으로 한다.

⑥ 원산지 증명서 발행에 필요한 서류

실제 거래 여부	세금계산서, 구매계약서, 공급계약서, 수출신고필증 등
원재료 구성 내역	자재 명세서(BOM, Bill Of Material)
원가 구성	원가산출내역서
실제 공정 유무 및 불인정 공정	제조공정도(사진 포함)
원산지 정보	원산지 소명서, 원산지 확인서, FTA 원산지 증명서

원산지 확인 서류(예시)

– 수출신고필증 등 첨부서류(「FTA 관세특례법 시행규칙」 제10조)

원산지 증명서를 발급할 물품의 수출신고필증과 수출신고 필증을 발행하기 위해 사용한 송품장(Invoice)입니다. 수출신 고필증은 보통 전산으로 확인이 가능하기 때문에 제출을 생 략할 수 있습니다.

– 자재 명세서(BOM, Bill Of Material)

자재 명세서는 세번변경 기준 충족 여부나 부가가치 기준 충족 여부를 판단하기 위해 필요한 서류입니다. 최종 제품을 만드는 데 사용한 원재료, 중간제품, 부품 등의 모든 원재료 에 대한 목록입니다.

BOM 작성을 위해서는 국내/해외 구매 여부, 수출자 직접 생산 여부, 납품업체 생산/국내 구입/수입에 대한 정보가 필요합니다. 국내에서 구매한 물품을 역내산으로 인정받기 위해서는 납품업체로부터 '원산지 확인서'도 수취해야 합니다.

원산지 소명서에도 원재료 명세를 기재하지만 자재 명세서(BOM)가 복잡한 경우 별도의 BOM 서류를 작성해서 제출합니다.

자재 명세서(BOM) 샘플

원산지 결정 기준이 부가가치 기준이라면 부가가치를 산정하기 위해 거래명세서와 같은 가격 증빙자료를 구비해서 각 원재료의 단가와 가격 등을 빠지지 않고 기재해야 합니다.

- 제조공정도

FTA 협정에서 규정하고 있는 최소 공정 이상의 충분한 가
공을 역내에서 수행했는지 여부(충분가공 원칙)를 확인하고 불
인정 공정(단순 공정)을 확인하기 위한 증빙자료입니다. 특별히
정해진 양식은 없습니다. 제조공정도에는 제품명, 모델규격,
HS CODE, 투입 원재료, 작성 일자와 작성자 및 서명, 공정
별 세부 설명과 사진(선택)을 포함합니다.

제조공정도 샘플

- 원산지 소명서

원산지 증명서 발급 신청 시 첨부하는 서류로, 해당 물품의 원산지를 입증하기 위해 원산지 결정 기준, 주요 생산공정, 사용된 원재료 등을 소명하는 서류입니다. 원산지 소명서는 한 개 협정, 한 품목을 기준으로 작성하는 것이 원칙입니다.

원산지 소명서 예시

원산지 소명서는 수출자 또는 생산자가 작성할 수 있습니다. 수출자는 물품의 생산공정, 원재료 등에 대하여 보통 알수가 없기에 생산자가 원산지 소명서를 작성하게 되는데요, 문제는 원산지 소명서의 기재사항에 단가, 생산공정, BOM 등이 포함되어 생산자가 수출자에게 원산지 소명서 제공을 꺼린다는 점입니다. 이런 이유 때문에 생산자와 수출자가 다르면 생산자는 수출자를 거치지 않고 직접 발급기관에 원산지 소명서를 제출할 수 있도록 하고 있습니다.

　　원산지 증명서 발급 신청을 위해 필요한 서류가 생각보다 많고 복잡한데요, 인증 수출자의 경우 이러한 첨부서류 제출의무가 면제되고 신청서만 작성하면 됩니다. 또한 인증 수출자는 일반적으로 원산지 증명서 발급에 소요되는 시간도 더 짧습니다. 왜냐하면 인증 수출자는 이미 협정에서 규정한 능력을 인정받았기 때문이죠.

　　수출자가 인증 수출자가 아니더라도 인증 수출자인 생산자에게 물품을 구매하여 수출하는 경우라면 원산지 증명서 발급 신청 시 생산자의 인증 수출자 번호를 기재하는 것으로 대부분의 첨부서류 제출의무가 면제됩니다.

단 한 건의 원산지 증명서 발급 방법에 더해서 실무에서 사용할 수 있는 좀 더 포괄적인 원산지 관리 방안에 대해 설명해 드리겠습니다.

수출 건수가 많지 않거나 고객사에 소수 품목의 원산지(포괄) 확인서만을 제출하는 업체라면 고객사의 요청이 왔을 때만 해당 서류를 발급해서 전달하면 그만입니다.

그러나 수출 품목 수가 많고 또 빈번하게 원산지 확인서를 발급해야 하는 업체라면 매번 원산지 서류를 발급하는 업무는 담당자에게 과도한 업무 부하를 줄 수 있습니다.

또한 인증 수출자를 취득하여 원산지 증명서 발급 절차가 간소화되어도 사후 검증을 위한 증빙자료를 모두 준비해야 합니다.

원산지 검증 등은 막상 닥쳐왔을 때 그 대응 자료를 준비하는 것이 굉장히 어려운 일이기 때문에 평소에 미리 대비하는 것이 정답입니다. 또한 특정 산업군에는 협력사의 꾸준한 원산지 관리 능력을 요구하는 경우도 많기 때문에 포괄적인 원산지 관리 능력을 배양하는 것이 필요합니다.

(1) 원산지 판정 관리 시스템의 활용

첫 번째로 원산지 판정 관리 시스템을 사용하는 것입니다. 관세청 산하 한국원산지정보원에서는 기업의 FTA 업무를 돕기 위해 무료 원산지 판정 관리 시스템인 'FTA PASS'를 제공하고 있습니다.

시스템 활용 시 검증에 대한 증빙자료를 생성하기가 수월하고, 체계적으로 데이터를 축적할 수 있습니다. 사용법에 대한 진입장벽이 다소 있지만, 관세청 등에서 정기적으로 무료 교육을 진행하고 있으니 해당 교육 등을 활용하시기를 추천해 드립니다.

(2) 중점 관리 협력사 지정

만약 시스템을 사용하지 않고 원산지 관리를 하고자 한다면 '필수 관리 협력사'를 지정해서 해당 협력사를 중점적으로 관리할 필요가 있습니다. 완제품과 동일한 세번의 원재료를 공급하는 협력사(세번변경 기준 필요)와 단가가 높은 원재료를 공급하는 협력사 등(부가가치 기준 필요)을 선별하여 관련 내용에 대해 미리 공지하고, 원산지(포괄) 확인서를 시기적절하게 수취하는 것이 좋습니다.

(3) 원산지(포괄) 확인서의 포괄 기간 설정

원산지(포괄) 확인서의 포괄 기간을 설정하는 방법도 요령이 있습니다. 물품 구매일(공급 시기)을 기준으로 12개월을 설정하는 것도 방법이겠지만, 그렇게 되면 품목별로 포괄 기간이 달라지기 때문에 업체에서 원산지 확인서를 관리하는 일이 매우 어려워집니다.

또한 포괄 기간 만료 일자와 다음 해 새로운 원산지 확인서의 포괄 기간 시작일의 '기간 차이'가 생긴다면 '기간 차이' 기간에 공급받은 원재료는 역외산 원재료의 지위를 가지게 되면서 원산지 관리의 공백이 발생할 우려가 있습니다.

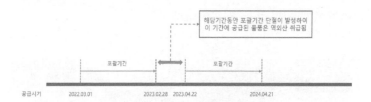

따라서 모든 품목에 대하여 물품 구매일과 관계없이 포괄 기간이 1월 1일부터 12월 31일까지인 원산지(포괄) 확인서를 수취하여 1년 단위로 한 번에 관리하는 것이 요령입니다. 원산지 확인서 관리 프로세스를 정립하여 업무 효율을 높이고, 포괄 기간의 단절을 예방할 수 있습니다. 다만, 매년 말에 다음 연도의 원산지(포괄) 확인서 수취를 준비해야 하는 수고가 필요합니다.

2. 원산지 확인서(Declaration of Origin)

1) 원산지 증명서와 차이점

'원산지 확인서'의 법률적 의미는 '수출물품의 생산에 사용되는 재료 또는 최종 물품을 생산하거나 공급하는 자가 해당 재료 또는 물품의 원산지를 확인하여, 생산자 또는 수출자에게 제공하는 서류'인데요. 수출자가 원산지 증명서를 발행할 수 있도록 재료 또는 물품을 생산 또는 공급하는 자가 원산지 확인서에 기재된 물품의 원산지를 확인해서 생산자 또는 수출자에게 전달하는 서류입니다.

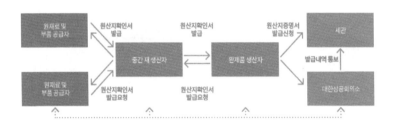

출처: 관세청 FTA 포털

원산지 확인서는 원산지 증명서와 같이 물품의 원산지를 나타내는 기능으로 유사합니다. 하지만 가장 큰 차이는 원산지 증명서는 국제무역 거래에, 원산지 확인서는 국내 거래에서 사용된다는 점입니다. 또한 원산지 증명서는 물품이 국내산(역내산)이 아니라면 발행 자체가 불가능하지만, 원산지 확인서는 국내산이 아니라도 발행할 수 있습니다. 말 그대로 원산지를 확인하는 용도이기 때문에 '역내산', '역외산', '원산지 미상' 등으로 발행할 수 있죠.

Q 꿀TIP   국내 제조 확인서와 원산지 확인서 차이점

수출용 원재료의 '국내 제조 확인서'는 국내에서 일정 수준의 제조 공정이 수행되었지만 국내산으로 인정받지 못한 원재료에 대해 발행하는 서류입니다. 최종 물품의 원산지를 결정할 때 국내 부가가치 부분을 반영하기 위해 도입된 서류입니다. 특정 업종으로 사용 범위를 제한하지 않고 원산지 여부를 떠나 '제조 사실'을 확인하는 서류입니다.

구분	국내 제조 확인서	원산지 확인서
요청자	생산자 또는 수출자	
용도	공정과 부가가치 누적*	재료 누적
작성, 제공자	수출물품의 생산에 사용되는 재료를 생산하거나 공급하는 자	수출물품의 생산에 사용되는 재료 또는 최종 물품을 생산하거나 공급하는 자
확인 대상	해당 재료의 국내 제조 사실을 확인	해당 재료 또는 최종 물품의 원산지를 확인

*누적: 역내국 생산자에 의한 생산에서 전 단계 생산자 수행 공정을 최종 생산자가 수행한 것으로 간주하는 규정(칠레, 싱가포르, 페루, 미국, 캐나다, 호주, 뉴질랜드, 콜롬비아 FTA 협정에서 공정 누적 인정)

■ 자유무역협정의 이행을 위한 관세법의 특례에 관한 법률 시행규칙 [별지 제5호서식]

원산지(포괄)확인서(Declaration of Origin)

※ 작성방법을 읽고 작성하여 주시기 바라며, [ ]에는 해당되는 곳에 "√" 기재합니다.   (2쪽 중 제1쪽)

1. 발급번호(Reference No.) : 가나다 - 20 - 00001

2.공급하는 자 (Supplier)	상호(Company Name) 은산무역	사업자등록번호(Business Registration No.) 108-12-12345
	대표자성명(Name of Representative) 김은산	전화번호(Tel) 051-123-5678
		팩스번호(Fax) 051-123-5679
	주소(Address) 울산광역시 울주군 은산읍 당목길 27	인증수출자 인증번호(Customs Authorization No.) 010-18-2000008
	전자우편주소(E-mail) urin@uri.com	
3.공급받는 자 (Supplied to)	상호(Company Name) 울산무역	사업자등록번호(Business Registration No.) 123-45-67891
	대표자성명(Name of Representative) 김울산	전화번호(Tel) 052-123-4567
		팩스번호(Fax) 052-123-4568
	주소(Address) 울산광역시 남구 대암로 90번길 27번지	
	전자우편주소(E-mail) ulsantrade@ulsan.co.kr	

공급물품 명세서(Good(s) Statements)

4.연번 (S/N)	5.자유무역 협정명칭 (Name of FTA)	6.품목번호 (HS No.)	7. 품명·규격 [Description ·Specification of Good(s)]	8.수량 및 단위 (Quantity & Unit)	9.원산지 결정기준 (Origin Criterion)	10.원산지 결정 기준 충족 여부 (Fulfillment of Origin Criterion)		11.원산지 (Country of Origin)	12.원산지포괄 확인기간 (년·월·일~ 년·월·일) (Blanket period) (YYYY/MM/DD ~ YYYY/MM/DD)
						충족 (Y)	미충족 (N)		
1	한-EU FTA	8708.40	IMPELLER SHELL	1	MC50%	[√]	[ ]	KR	2020.XX.XX ~ 2021.XX.XX
						[ ]	[ ]		
						[ ]	[ ]		

「자유무역협정의 이행을 위한 관세법의 특례에 관한 법률 시행규칙」제12조에 따라 위와 같이 원산지를 확인합니다.

The undersigned hereby declares the origin of the good(s) in accordance with Article 12 of
「Enforcement Rules of Act on Special Cases of the Customs Act for the Implementation of Free Trade
Agreements」.

은산무역 김은산
울산광역시 울주군 은산읍 당목길 27

작 성 자(Declarer)   : 김은산 (김은산)
직   위(Title)   : 대표
상호 및 주소(Company Name/Address) : 은산무역 (울산광역시 울주군 은산읍 당목길 27)
작 성 일(Date)   : 2020년 XX 월 XX 일 (YYYY/MM/DD)

국내 제조(포괄) 확인서 양식(예시)

2) 원산지(포괄) 확인서

장기간 계속·반복적으로 공급하는 재료 또는 최종 물품 생산자 등은 원산지 확인서 작성일부터 12개월을 초과하지 아니하는 범위에서 최초의 원산지 확인서를 반복해서 사용 가능한 '원산지(포괄) 확인서'를 사용할 수 있습니다.

예를 들어 A라는 물품을 지속적으로 B 기업에 납품한다고 했을 때 납품할 때마다 원산지 확인서를 발행하면 매우 비효율적인데요. 이 경우 최초 발행 시 12개월 이내의 기간을 설정해서 원산지(포괄) 확인서를 발급하면 해당 기간에 공급하는 물품은 최초에 발행한 '원산지(포괄) 확인서' 한 건으로 원산지 포괄 기간 동안 효력을 미칩니다.

원산지(포괄) 확인서는 별도의 서류가 아니고 '원산지(포괄) 확인서'에 '12. 원산지 포괄 확인 기간'을 기재하고 포괄 기간 동안 처음에 발행한 '원산지(포괄) 확인서'를 계속해서 반복 사용하는 서류입니다.

원산지 업무에서 등장하는 '포괄'이라는 용어가 붙은 서류는 원산지(포괄) 확인서, 국내 제조(포괄) 확인서와 같이 동일한 기간에 반복적으로 사용할 수 있는 서류를 의미합니다.

원산지 입증 서류 구비가 까다롭고 원산지 관리 역량이 부족해서 FTA 활용에 어려움을 겪고 있는 농·축·수산물, 전통식품 기업은 관세청장이 정하는 서류만 구비하면 원산지 증빙을 인정하는 제도입니다.

대상 품목은 농·축·수산물 총 1,113개 품목으로 아래와 같습니다.

구분	농산물	축산물	수산물	전통 식품
인증서 (13종)	① 이력 추적 관리 등록증 ② 우수 관리 인증서 ③ 친환경 농산물 인증서 ④ 지리적 표시 등록증	① 동급 판정 확인서 ② 축산물 이력 관리 등록증 ③ 우수 브랜드 인증서	① 물김 수매 확인서 ② 이력 추적 관리 등록증 ③ 우수 관리 인증서 ④ 지리적 표시 등록증 ⑤ 마른 김 수매 확인서 ⑥ 유가 수산물 인증서	① 전통 식품 품질 인증서
품목	고추 등 1,028개	소고기 등 5개	물김 등 81개	김치 등 32개

원산지 간편 인증 대상 품목

3) 원산지 확인서의 중요성

기업 FTA 컨설팅을 하면서 생각보다 많은 담당자분들이 FTA 협정에 등장하는 '원산지 개념'에 대해 혼동하는 것을 봤습니다. FTA 협정을 적용하기 위한 '원산지 개념'은 일반적으로 우리가 일상에서 접하는 '원산지 개념'보다 좁은 개념입니다.

아무리 국내에서 조달한 물품이라 하더라도, 그리고 실제로 그 물품을 국산 재료로 만들었더라도 '원산지 확인서'가 없다면 FTA 협정에서는 예외 없이 국내산으로 인정받을 수 없습니다. 그만큼 '원산지 확인서'가 FTA에서 중요한데요. 직접 수출기업이 간접 수출기업인 거래처에 '원산지 확인서'를 제출하라고 요구하는 이유이기도 합니다.

다만, 최종 수출물품의 원산지가 국내산이기 위해 반드시 해당 수출물품의 모든 원재료에 대한 원산지 확인서가 필요한 것은 아닙니다. '원산지가 꼭 국내산이어야만 하는 원재료'에 한해서만 '원산지 확인서'가 필요합니다.

원산지 결정 기준이 세번변경 기준인 수출물품을 예로 들어보겠습니다. 세번변경 기준에서 원산지를 충족하기 위해서는 세번이 변경되어서 원산지 결정 기준을 충족하는 원재료의 원산지 확인서는 필요하지 않습니다. 완제품과 세번(HS CODE)이 동일해서 세번변경 기준을 충족하지 못한 원재료만 원산지 확인서를 수취해서 역내산 여부를 확인해야 합니다.

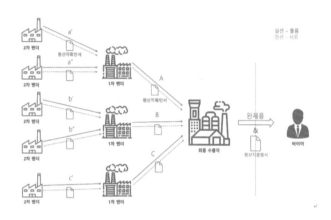

원산지 확인서 및 원산지 증명서 발행 경로

그림과 같이 최종 수출자가 최종 완제품에 대한 '원산지 증명서'를 발급하기 위해서는 2차 벤더(원재료 공급업체)에서 작성된 '원산지 확인서'가 1차 벤더(원재료 공급업체)로 전달되고, 해당 확인서를 근거로 1차 벤더가 다시 원산지 확인서를 발급하여 최종 수출자에게 도달해야 합니다. 최종 수출자는 벤더사에서 작성한 '원산지 확인서'를 통해 원산지 판정을 하고 원산지 증명서를 발급할 수 있기 때문이죠.

4) 원산지 확인서 발급 방법

원산지(포괄) 확인서 발급 및 유통 경로

　원산지 확인서를 발급하려면 어떻게 해야 할까요? 원산지 증명서와 마찬가지로 공급하는 물품이 원산지 결정 기준을 충족하는지 확인하면 됩니다. 자재 명세서(BOM) 등 서류를 작성하면서 원재료의 구매 경로를 확인하고 협력사로부터 구매한 물품을 그대로 납품한다면 구매처(협력사)로부터 '원산지 확인서'를 받아야겠죠.

　원산지 증명서와 원산지 확인서는 크게 다르지 않습니다. 앞서 안내한 대로 원산지 증명서는 수출물품의 원산지를 대상으로 하고 역내산(국내산)일 때만 발행할 수 있지만, 원산지 확인서는 국내 유통물품을 대상으로 하고 역내산, 역외산, 원산지 미상인 경우 모두 발행할 수 있는 점에서 차이가 있습니다.

간혹 원산지 확인서는 업체가 자체적으로 발급할 수 있는 서류라는 이유로 원산지 판정을 위한 정식 검토 없이 발급하는 경우가 있는데요, 원산지 확인서 작성자는 확인서에 기재된 내용이 사실과 다르지 않음에 서명하고, 사실과 다를 시에 법적인 책임을 지기 때문에 FTA 사후 검증 과정에서 문제가 될 수 있으니 유의해야 합니다.

5) 실무 애로사항

원산지 확인서 발급을 요청받은 공급업체는 생산원가 등 영업비밀에 해당하는 정보 제공을 거부하면서 원산지 확인서 발급을 기피할 수 있습니다. 공급업체는 원산지(포괄) 확인서 제공이 공급업체의 법적 의무사항이 아니다 보니 발급을 거절하면 방법이 없어 보이는데요. 이러한 경우에는 부가가치기준(생산원가 등 포함)에 대한 정보를 제외하고 세번변경 기준을 적용받는 협정에 한해서 원산지 확인서를 요청하기도 합니다.

또한 간혹 거래처에 물품을 납품하고 수개월이 지난 후에 원산지 확인서를 요청받아서 난감한 경우가 있습니다. 현행

「FTA 특례법」 등에서는 원산지 확인서 소급 발급 기간에 대한 규정을 별도로 명시하고 있지 않습니다. 공급한 물건의 원산지를 입증할 수 있는 각종 원산지 증빙서류(BOM 등)만 잘 구비되어 있다면 원산지 확인서를 소급 발행하는 데 문제는 없습니다.

원산지 검증

PART V. 원산지 검증

대부분 국가에서는 수입물품을 통관할 때 선 통관 후 심사 방식을 적용하고 있습니다.

통관 단계에서 신고 내용의 모든 부분을 검토한다면 행정력이 불필요하게 낭비될 뿐만 아니라 심사가 길어지는 만큼 원활한 물류 흐름을 저해하여 결과적으로 더 많은 사회적 비용을 발생시킬 우려가 있기 때문입니다.

따라서 납세자의 성실신고를 유도하기 위한 법적 절차를 마련하고, 그에 따라 적법하게 신고된 물품은 우선 통관한 뒤, 이후 관세를 부과할 수 있는 기간(보통 5년) 내에 이를 심사(또는 조사)해서 잘못 신고한 물품은 과태료 등 행정제재를 가하고 있습니다.

　FTA 협정도 이와 같습니다. 통관 시점에는 FTA 원산지 증명서의 형식적인 내용을 검토하여 협정관세를 적용한 뒤, 사후에 그 진위에 대하여 검증하는 작업을 진행하는 방식이죠. 이번 장에서는 이러한 내용을 담고 있는 '원산지 검증'에 대하여 알아보도록 하겠습니다.

1. 원산지 검증의 이해

1) 원산지 검증이란?

원산지 검증이란 FTA 협정을 이용하여 물품을 수입하거나 수출한 경우에 협정 또는 국내법에 근거하여 원산지 요건의 충족 여부 등을 확인하고 법률 위반자에게는 법적 제재를 부과해 FTA 협정의 적정한 이행을 확보하는 행정절차를 말합니다.

FTA 협정에서는 특혜관세 적용의 적정성과 실효성을 담보하기 위해 원산지 검증 제도를 두고 있는데요. FTA 검증 절차를 통해 제3국산 물품의 우회 수출입을 막고 원산지 조작을 통한 관세 탈루를 방지하며 FTA 협정의 효율적인 이행을 보장할 수 있습니다.

개별 FTA 협정에서는 '원산지 검증'이라는 용어를 사용하지만, 국내 「FTA 특례법」에는 동일한 의미로 '원산지 조사'라는 용어를 사용하고 있습니다.

2) 원산지 검증 중요성

한번 상상해 봅시다. 계속해서 수출 거래를 진행하다가 수입 상대국에서 원산지 검증을 요청했습니다. 상대국 세관에서 요청받은 원산지 검증 대응에 실패한다면 직접적인 피해는 누가 입게 될까요?

앞서 언급한 바와 같이 FTA 수혜자는 수입자입니다. 우리 회사의 해외 거래처(바이어)가 되겠죠. 거래처는 몇 년 동안 우리가 발급한 원산지 증명서를 사용해서 FTA 협정관세를 적용받았는데요.

만약 수출자가 원산지 검증 대응에 실패한다면 상대국 세관에서는 수입자가 그간 면제받았던 세금을 추징합니다. 몇 년 치 쌓인 관세는 생각보다 액수가 큽니다.

해외 바이어는 책임을 누구한테 물을까요? 분명히 원산지 증명서를 발급한 당사자에게 책임 화살이 돌아갑니다. 원산지 검증 요청이 비교적 최근이라면 회사에서도 자료를 찾기가 수월할 것입니다. 하지만 몇 년 전 자료라면 어떨까요. 한-미 FTA 협정에 따르면 각 당사국은 특혜관세 대우를 신청하는 수입자가 그 상품이 특혜관세 대우의 자격이 있음을 증명하기 위해 필요한 모든 기록을 상품의 수입일로부터 최소 5년간 보관하도록 규정합니다. 바꿔 말하면 세관 당국은 최소 5년 이내의 자료는 요청할 수 있습니다. 10년이면 강산이 변하고, 5년이면 담당자가 바뀌거나 회사를 그만두기 충분한 시간입니다. 원산지와 관련한 내용에 대해 회사에서 알고 있는 사람이 아무도 없을 수도 있습니다.

원산지 관리업무는 꾸준하게 차곡차곡 데이터를 관리하고 보관하는 것이 매우 중요합니다. 원산지 증명서를 발급할 때 충분한 검토를 하고 발급했다면, 이후 관련 자료들만 잘 보관해도 검증 대응은 전혀 어려운 것이 아닙니다.

FTA 사후 검증은 특혜관세 적용의 적정성을 확인하는 절차이지 범죄에 대한 수사나 조사가 아닙니다. 적절한 FTA 프로세스를 유지하면서 법 위반 없이 업무를 진행했다면 생각보다 어렵지 않게 사후 검증에 대응할 수 있습니다. 오히려 지나친 우려가 검증 대응 능력을 감소시킬 수 있습니다. 검증을 요하는 부분, 검증기관이 의구심을 가지고 있는 부분을 중점적으로 소명해서 이를 해소시키는 것이 검증 대응의 핵심입니다.

3) 검증 대상자 및 보관 서류

원산지 검증 대상자는 FTA 원산지 증명서와 관련된 모든 당사자이기 때문에 미리 관련 자료를 명확하게 구분 관리해야 합니다(「FTA 특례법」 제17조 및 제18조).

① 수입자
② 수출자 또는 생산자(체약 상대국에 거주하는 수출자 또는 생산자를 포함)
③ 원산지 증빙서류 발급기관
④ 당해 물품의 생산에 사용한 재료를 공급하거나 생산한 자(체약 상대국에 거주하는 자를 포함)
⑤ 당해 물품의 거래·유통·운송·보관·통관을 대행하거나 취급한 자

원산지 검증 대상자는 원산지 증빙서류를 보관해야 하며, 이를 위반 시 협정관세 적용 배제 및 형사처벌 부과가 병행되기 때문에 관련 규정에 따라 서류 보관(Record Keeping)해야 합니다.

수출자	– 체약 상대국의 수입자에게 제공한 원산지 증명서(전자문서 포함) 사본 및 원산지 증명서 발급 신청 서류(전자문서 포함) 사본 – 수출신고필증 – 해당 물품의 생산에 사용된 원재료의 수입신고필증(수출자의 명의로 수입신고한 경우만 해당) – 수출 거래 관련 계약서 – 해당 물품 및 원재료의 생산 또는 구입 관련 증빙서류 – 생산자 또는 해당 물품의 생산에 사용된 재료를 공급하거나 생산한 자가 해당 물품의 원산지 증명을 위하여 작성한 후 수출자에게 제공한 서류
생산자	– 수출자 또는 체약 상대국의 수입자에게 해당 물품의 원산지 증명을 위하여 작성·제공한 서류 – 해당 물품의 생산에 사용된 원재료의 수입신고필증(생산자의 명의로 수입신고한 경우에만 해당) – 수출자와의 물품공급 계약서 – 해당 물품의 생산에 사용된 재료를 공급하거나 생산한 자가 해당 재료의 원산지 증명을 위하여 작성한 후 생산자에게 제공한 서류 – 해당 물품 생산 및 원재료의 생산 또는 구입 관련 증빙서류 – 원가 계산서·원재료 내역서 및 공정 명세서 – 해당 물품 및 원재료의 출납·재고 관리대장
수입자	– 원산지 증명서(전자문서 포함) 사본. 다만, 협정에 따라 수입자의 증명 또는 인지에 기초하여 협정관세 적용 신청을 하는 경우로서 수출자 또는 생산자로부터 원산지 증명서를 발급받지 아니한 경우에는 그 수입물품이 협정관세의 적용 대상임을 증명하는 서류를 말한다. – 수입신고필증 – 수입 거래 관련 계약서 – 지식재산권 거래 관련 계약서 – 수입물품의 과세가격 결정에 관한 자료 – 수입물품의 국제운송 관련 서류 – 사전심사서 사본 및 사전심사에 필요한 증빙서류(사전심사서를 받은 경우에만 해당)

보관 대상 원산지 증빙서류(「FTA 특례법 시행령」 제10조)

협정	수출자·생산자		수입자	
	기산일	서류 보관 기간	기산일	서류 보관 기간
호주	C/O 서명일	5년	수입국법에 따름	
칠레	C/O 서명일	5년	수입일	5년
캐나다	C/O 서명일	5년	수입일	5년
뉴질랜드	서명일 또는 수출신고 수리일(수출자) / 서명일 또는 원산지 증빙서류 작성일(생산자)	5년	수입일	5년
싱가포르	C/O 발급일	5년	수입일	5년
아세안	C/O 발급일	3년 이상	수입국법에 따름	
인도	C/O 발급일	5년	수입일	5년
미국	C/O 발급일	5년	수입일	5년
중국	C/O 발급일	3년	수입국법에 따름	
베트남	C/O 발급일	5년	수입국법에 따름	
콜롬비아	C/O 발급일	5년	수입신고 수리일	5년
중미	C/O 발급일	5년	수입국법에 따름	
영국	C/O 발급일	5년	수입국법에 따름	
페루	C/O 발급일	5년	수입일	최소 5년

EFTA	C/O 작성일	5년	수입국법에 따름	
EU				
튀르키예				
RCEP	C/O 발급일	3년 또는 자국 관련 법에 따른 기간 중 긴 기간	수입일	3년 또는 자국 관련 법에 따른 기간 중 긴 기간
캄보디아	C/O 발급일	5년	수입일	5년
이스라엘	미규정	5년	미규정	
인도네시아	미규정	3년	수입일	3년
FTA 특례법	C/O 작성일 또는 발급일	5년	협정관세 적용 신청일의 다음 날	5년

원산지 증빙서류 보관 기간

실무에서는 회사 관리부서와 생산부서 등이 아래 자료를 구비해서 관세사로 전달하면 FTA 원산지 검증에 조력을 받을 수 있습니다.

관리부서	– 회사 소개서(사업자등록증, 조직도, 임직원 현황 등) – 수출 계약서 – 원재료 구매 계약서 – 원재료 세금계산서
생산부서	– 주문서 – 생산 의뢰서 – 공장등록증 사본 – 제조공정도 – 제조공정 명세서 – 제조 설비 현황 – 물품 소개 자료(제품 설명서, 카탈로그, 홍보 자료 등) – BOM(자재 명세서) – 제조공정별 사진
수출(영업)부서	– 수출신고필증 – 서명카드 – 원재료 수입신고필증 – 원산지 신고서 – B/L 등 운송 경로 확인 서류 – 원산지 소명서 – 상업송장(Invoice) – 원산지(포괄) 확인서

부서별 준비 서류(예시)

4) 원산지 검증 사유

「FTA 특례법」 제17조와 제18조에 따르면 관세청장 또는 세관장은 아래와 같은 경우에 수출입 물품의 원산지 또는 협정관세 적용의 적정 여부 등의 확인에 필요한 서면조사 또는 현지조사를 할 수 있습니다.

① 수출입 물품의 원산지 또는 협정관세 적용의 적정 여부 등에 대한 확인이 필요하다고 인정하는 경우

② 체약 상대국의 관세 당국으로부터 우리나라의 수출물품에 대한 원산지 증빙서류의 진위 여부와 그 정확성 등에 관한 확인을 요청받은 경우

Q 꿀TIP 원산지 검증 유의사항
··

(1) 업무 단계의 순차성
업무 절차는 일반적으로 단계별, 시간적 순서에 따라 이루어지므로 증빙서류도 이에 따라 작성되는지를 확인해야 합니다. 특정 원재료의 입고일이 해당 원재료를 투입해서 완성한 제품의 출고일보다 다음 날짜로 기재되면 문제가 있습니다.

(2) 품명·규격의 일치성
서류상의 품명과 규격이 현품의 품목·규격과 일치하는지를 확인해야 합니다. A 물품 자재 명세서(BOM)에는 a, b, c 품목이 기재되어 있는데 실제 물품 생산에는 d, e, f가 투입되었다면 원산지 검증 시 문제가 될 수 있겠죠.

(3) 생산 수량의 합리성
업체의 생산설비, 인원수 등 생산능력에 비례해서 수출량이 적정한지 확인해야 합니다. 월별 총 생산능력이 화학제품 10만 개인데 실제 수출 수량이 30만 개라면 제3국 생산품을 한국산으로 우회 수출한 것으로 볼 수 있습니다.

(4) 거래 증빙의 일치성
거래 단계별 현황과 서류상 내역의 일치 여부와 실제 거래 상황을 비교해서 거래 누락 여부와 허위 기재 여부를 확인해야 합니다.

(5) 자재 명세서(BOM, Bill Of Material)의 정확성
자재 명세서가 실제 원재료 내역과 일치하는지를 확인하고 규격, 단가, 수량과 함께 원산지, HS CODE가 정확하게 기재되었는지도 확인해야 합니다.

··

5) 원산지 검증기관과 대상자 차이점

① 우리나라 세관 ▶▶ 국내 수입자

우리나라 세관이 국내 수입자를 대상으로 행하는 원산지 검증입니다. 수입자가 부당한 방법으로 협정관세를 적용해서 특혜세율을 적용한 것이 아닌지 살펴보는데요. 만약 정당하지 않은 방법으로 협정관세를 적용받았다면 그동안 면제받았던 관세 등의 세금을 추징하고 가산세와 과태료·벌금까지도 추가로 부과합니다.

과거 통계에 따르면 원산지 검증을 받은 국내 수입물품의 절반가량이 원산지를 위반하고 있다고 하니 국내 수입업자는 FTA 특혜관세 품목에 대해 원산지 검증을 철저히 대비해야 합니다(『FTA 원산지 수입검증 사례연구』, 2024, 한일권).

② 우리나라 세관 ▶▶ 국내 수출자

FTA 수입 상대국 세관 등의 요청으로 우리나라 수출자를 조사하며 수출자가 발행한 원산지 증명서와 그 증빙자료를 수출자가 소명해야 합니다. FTA 검증 과정에서 수출자가 제대로 소명하지 못한다면 우리나라 수출자가 발행한 원산지 증명서의 효력이 무효화되고, 직접적인 피해는 상대 수입자가 입게 됩니다.

③ FTA 상대국 세관 ▶▶ 국내 수출자

원산지 검증은 우리나라 세관이 직접 검증하거나 상대국 정부의 요청을 받아서 간접 검증하는 방법이 있습니다. 결국 우리나라 세관이 검증을 모두 진행한다고 착각할 수 있는데요. 그렇지 않습니다. 대표적인 예로 한-미 FTA 직접 검증은 미국 관세 당국이 우리나라 세관을 거치지 않고 수출자에게 직접(Direct) 검증을 통보하고 실시합니다.

그런데 한 가지 주의할 것은 미국의 원산지 검증 통보 방식이 매우 쿨(?)하다는 점입니다. 미국 관세 당국(CBP, Customs & Border Protection)은 친절하게 담당자를 확인해서 연락하지 않고, 회사 홈페이지 대표 메일로 통보하는 경우도 있어서 우리나라 수출자는 통보 사실을 알지 못하는 경우가 있습니다.

원산지 검증은 협정마다 소명 기간이 정해져 있기 때문에 검증 대상으로 지정된 사실을 최대한 빨리 인지해서 기간 내 소명을 완료해야 합니다. 해외 거래처와도 미리미리 조율해서 상대국 세관에서 FTA 원산지 검증이 발생하면 즉시 소통하도록 조치를 취해야 합니다.

6) 검증 방식

① 직접 검증(미주형)

수입국 세관 당국이 FTA 수출 상대국의 수출자나 생산자에게 FTA 검증과 관련해 직접 질의, 정보 요구, 현장 방문으로 직접 원산지를 검증하는 방식입니다.

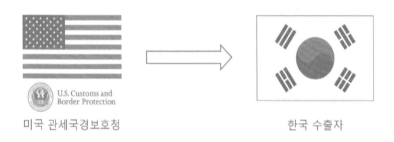

미국 관세국경보호청   한국 수출자

② 간접 검증(유럽형)

수입국 세관 당국이 수출국 세관 당국에 원산지 확인을 요청하면 수출국 세관 당국이 수출자를 대상으로 서면 또는 현지 확인을 통해 원산지 검증을 진행하고 그 결과를 수입국 세관 당국으로 송부하는 원산지 검증 방식입니다.

EU 관세당국   관세청   한국 수출자

직접 검증	칠레, 싱가포르, 미국, 캐나다, 뉴질랜드
간접 검증	EFTA, EU, 튀르키예, 영국
직/간접 검증 병행	ASEAN, 인도, 페루, 호주, 중국, 베트남, 콜롬비아, 중미 5개국, RCEP, 캄보디아, 이스라엘, 인도네시아

협정별 검증 방식

7) 원산지 자율 점검(「원산지 조사 운영에 관한 훈령」 제51조)

일정 조건을 충족하는 아래의 수입자에 대해 첫 서면 검증 이전에 원산지 자율 점검 안내서를 제공하여 스스로 점검한 결과를 제출하도록 하는 '자율 점검' 제도가 있습니다.

자율 점검 단계에서 수입자가 제출한 자율 점검표에 의해 원산지 위반이 없다고 인정되거나 스스로 잘못된 부분을 치유하면 원산지 검증을 종결할 수 있습니다.

① 수출입 안전 관리 우수 공인업체(AEO 업체)
② 「기업심사 운영에 관한 훈령」에 따른 기업 심사 중인 업체(농산물 등 사전세액 심사 대상 업체 제외)

③ 「관세법 시행령」 제135조의 4의 소규모 성실사업자

④ 업체별 원산지 인증 수출자

⑤ 원산지 증명서의 오류를 스스로 판단하여 치유할 수 있다고
   세관장이 인정하는 업체

[별지 제30호서식] FTA 특혜관세 적용 수입물품 원산지 자율점검 안내서

FTA 특혜관세 적용 수입물품 원산지 자율점검 안내서

수신 :   귀하
(주소 :   )

1. "원산지 자율점검"은 수입자 권익 보호를 위하여 FTA 특혜관세를 적용받아 수
   입한 물품에 대해 그 적정성 여부를 세관의 원산지조사에 앞서 수입자 스스로 점
   검하고 오류사항을 교정하는 기회를 드리기 위한 제도입니다.

2. 자율점검을 희망하는 경우 붙임 자율점검표의 각 항목에 따라 FTA 특혜관세
   적용의 적정 여부를 자체 점검한 후 20 . . .까지 우리세관으로 회신하여 주
   시기 바랍니다.

3. 자율점검표에 따라 점검한 결과 FTA 특혜관세를 잘못 적용하였음을 알게 된
   때에는 통관지세관에 보정신고(세액납부일로부터 6월 이내인 경우)하거나   수
   정신고하시고, 그 결과를 우리세관에 제출하여 주시기 바랍니다.

4. 보정신고 또는 수정신고 시 「자유무역협정의 이행을 위한 관세법의 특례에 관한
   법률」제36조 및 같은 법 시행령 제47조에 따라 가산세(보정이자) 면제신청을 하
   실 수 있습니다. 부족세액의 징수와 관련하여 수입자에게 정당한 사유가 있는
   경우 등 가산세 면제 사유가 있는 경우에는 붙임3.「가산세(보정이자) 면제신청
   서」를 작성하여 신청하시기 바랍니다.

5. 회신기한 내에 자율점검표를 제출하지 않거나 불성실하게 제출하는 경우 또는
   자율점검표 내용에 대하여 세관의 조사가 필요한 것으로 판단되는 경우「자유무
   역협정의 이행을 위한 관세법의 특례에 관한 법률」제17조제1항에 따라 귀사에
   대해 세관에서 원산지조사를 실시할 수 있습니다.

6. 그 밖에 자율점검과 관련하여 문의사항이 있거나 도움이 필요한 경우 언제든지
   우리세관(담당 : ○○○, ☎ 000-000-0000)으로 연락주시기 바랍니다.

> ※ 검증대상기간 : '00.00월 ~ '00.00월 간 FTA 적용 수입물품
>   (상세 내용 붙임 참조)

붙임 : 1. 검증대상 상세 목록 1부.
      2. 원산지 자율점검표 1부.
      3. 가산세(보정이자) 면제신청서 1부. 끝.

20 . . .

○ ○ 세 관 장 직인

원산지 조사는 서면조사 또는 현지조사의 방법으로 수행하며 서면조사를 우선 하여 실시합니다. 이 경우 서면조사만으로 원산지의 확인 또는 협정관세 적용 의 적정 여부 등을 확인하기 곤란하거나 추가 확인이 필요한 경우에는 현지조 사를 할 수 있습니다.

현재 수출물품의 원산지 검증은 체약 상대국의 관세 당국으로부터 검증 요청을 받아 착수하는 경우가 대부분이며, 「FTA 관세법」에 의거 서면조사 우선원칙에 따라 서면 검증 후 필요시 현지 검증을 진행하고 있으며, 예외적인 경우에만 현 지조사를 우선 수행합니다.

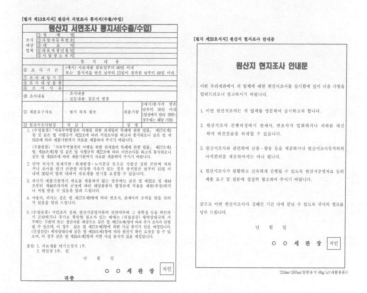

서면조사 통지서 및 현지조사 안내문

2. 원산지 관련 법규 위반 시 제재

　정상적인 수출입 기업은 고의나 의도를 가지고 원산지 관련 법규를 위반해서 벌칙(「FTA 특례법」 제44조)을 받는 경우는 없습니다. 대부분 원산지 행정절차를 위반해서 부과받는 '과태료' 제재(「FTA 특례법」 제46조)이기 때문에 아래에서는 과태료를 중심으로 안내해 드리겠습니다.

가. 위반행위의 횟수에 따른 과태료의 부과 기준은 최근 5년간 같은 위반 행위로 과태료를 부과받은 경우에 적용한다. 이 경우 위반 횟수는 같은 위반행위에 대하여 과태료 부과 처분을 받은 날과 그 처분 후에 한 위반행위로 적발된 날을 각각 기준으로 하여 계산한다.

나. 부과권자는 다음의 어느 하나에 해당하는 경우에는 제2호의 개별 기준에 따른 과태료 금액의 2분의 1 범위에서 그 금액을 줄일 수 있다. 다만, 과태료를 체납하고 있는 위반행위자에 대해서는 그렇지 않다.

1) 위반행위자가 「질서위반행위규제법 시행령」 제2조의 2 제1항 각 호의 어느 하나에 해당하는 경우
2) 위반행위가 사소한 부주의나 오류로 인한 것으로 인정되는 경우
3) 위반행위자가 법 위반상태를 시정하거나 해소하기 위해 노력한 것이 인정되는 경우
4) 그 밖에 위반행위의 정도, 위반행위의 동기와 그 결과 등을 고려하여 과태료를 줄일 필요가 있다고 인정되는 경우

1) 정당한 사유 없이 원산지 증빙서류 등 미제출

정당한 사유 없이 제16조 제2항에 따른 기간 이내에 서류를 제출하지 않은 경우, 1,000만 원 이하의 과태료에 처합니다.

- 1차 위반: 200만 원

- 2차 위반: 500만 원

- 3차 위반: 800만 원

- 4차 이상 위반: 1,000만 원

「FTA 특례법」제16조 (원산지 증빙서류 등의 제출)	「FTA 특례법 시행규칙」제21조 (자료 제출자 및 자료 제출 기한)
① 관세청장 또는 세관장은 협정에서 정하는 범위에서 원산지의 확인, 협정관세의 적용 등에 관한 심사를 하는 데 필요하다고 인정하는 경우에는 다음 각 호의 어느 하나에 해당하는 자에게 제15조에 따른 서류의 제출을 요구할 수 있다. 1. 수입자 2. 수출자 또는 생산자(체약 상대국에 거주하는 수출자 및 생산자를 포함한다.) 3. 그 밖에 원산지 또는 협정관세 적용의 적정 여부 등을 확인하기 위하여 필요한 자로서 기획재정부령으로 정하는 자 ② 제1항에 따라 서류 제출을 요구받은 자는 20일 이상의 기간으로서 기획재정부령으로 정하는 기간 이내에 이를 제출하여야 한다.	② 법 제16조 제2항에서 "기획재정부령으로 정하는 기간"이란 다음 각 호의 구분에 따른 기간을 말한다. 1. 페루와의 협정 제4.8조 및 뉴질랜드와의 협정 3.24조에 따라 서류의 제출을 요구받은 자: 요구받은 날부터 90일 2. 그 밖의 자: 요구받은 날부터 30일. 다만, 관세청장 또는 세관장은 서류의 제출을 요구받은 자가 부득이한 사유로 서류 제출 기한의 연장을 신청하는 경우에는 30일을 초과하지 아니하는 범위에서 한 차례만 그 기한을 연장할 수 있다.

2) 원산지 증빙서류 조사를 거부·방해 또는 기피

「FTA 특례법」 제17조 제1항 및 제18조 제1항에 따른 관세청장 또는 세관장의 서면조사 또는 현지조사를 거부·방해 또는 기피한 자는 1,000만 원 이하의 과태료에 처합니다.

- 1차 위반: 200만 원

- 2차 위반: 500만 원

- 3차 위반: 800만 원

- 4차 이상 위반: 1,000만 원

「FTA 특례법」 제17조 (원산지에 관한 조사)	「FTA 특례법」 제18조 (체약 상대국의 요청에 따른 원산지 조사)
① 관세청장 또는 세관장은 수출입 물품의 원산지 또는 협정관세 적용의 적정 여부 등에 대한 확인이 필요하다고 인정하는 경우에는 협정에서 정하는 범위에서 대통령령으로 정하는 바에 따라 다음 각 호의 어느 하나에 해당하는 자를 대상으로 필요한 서면조사 또는 현지조사를 할 수 있다. 1. 수입자 2. 수출자 또는 생산자(체약 상대국에 거주하는 수출자 및 생산자를 포함한다.) 3. 원산지 증빙서류 발급기관 4. FTA 특례법 제16조 제1항 제3호의 자	① 관세청장 또는 세관장은 체약 상대국의 관세 당국으로부터 우리나라의 수출물품에 대한 원산지 증빙서류의 진위 여부와 그 정확성 등에 관한 확인을 요청받은 경우에는 협정에서 정하는 범위에서 대통령령으로 정하는 바에 따라 다음 각 호의 어느 하나에 해당하는 자를 대상으로 원산지 확인에 필요한 서면조사 또는 현지조사를 할 수 있다. 1. 수출자 또는 생산자 2. 원산지 증빙서류 발급기관 3. FTA 특례법 제16조 제1항 제3호의 자

3) 승인 없이 용도에 따른 낮은 협정세율 적용, 승인 없이 용도 외 사용한 자 중 동일 용도 사용자에게 양도

「FTA 특례법」 제4조 제2항에서 준용하는 「관세법」 제83조 제1항과 제2항을 위반하여 승인을 받지 아니하고 용도에 따라 세율을 다르게 정하는 물품을 세율이 낮은 용도에 사용한 자는 500만 원 이하의 과태료가 부과됩니다.

- 1차 위반: 100만 원
- 2차 위반: 200만 원
- 3차 위반: 300만 원
- 4차 이상 위반: 500만 원

「FTA 특례법」 제4조 (협정관세)	「관세법」 제83조 (용도세율의 적용)
① 협정관세의 연도별 세율, 적용 기간, 적용 수량 등은 협정에서 정하는 관세의 철폐 비율, 인하 비율, 수량 기준 등에 따라 대통령령으로 정한다. ② 협정관세에 관하여는 「관세법」 제83조 및 제84조를 준용한다.	① 별표 관세율표나 제50조 제4항, 제65조, 제67조의 2, 제68조, 제70조부터 제73조까지 및 제76조에 따른 대통령령 또는 기획재정부령으로 용도에 따라 세율을 다르게 정하는 물품을 세율이 낮은 용도에 사용하려는 자는 대통령령으로 정하는 바에 따라 세관장의 승인을 받아야 한다. 다만, 물품의 성질과 형태가 그 용도 외의 다른 용도에 사용할 수 없는 경우에는 그러하지 아니하다. ② 용도세율이 적용된 물품은 그 수입신고의 수리일부터 3년의 범위에서 대통령령으로 정하는 기준에 따라 관세청장이 정하는 기간에는 해당 용도 외의 다른 용도에 사용하거나 양도할 수 없다. 다만, 다음 각 호의 어느 하나에 해당하는 경우에는 그러하지 아니하다. 1. 대통령령으로 정하는 바에 따라 미리 세관장의 승인을 받은 경우 2. 제1항 단서에 해당하는 경우

4) 원산지 증빙서류 오류 통보받고도 세액 정정 등 미이행

「FTA 특례법」 제14조 제2항에 따라 원산지 증빙서류의 오류 내용을 통보받고도 이를 세관장에게 세액 정정·세액 보정, 수정 신고 또는 경정 청구를 하지 아니한 자는 500만 원 이하의 과태료가 부과됩니다.

- 1차 위반: 100만 원
- 2차 위반: 200만 원
- 3차 위반: 300만 원
- 4차 이상 위반: 500만 원

「FTA 특례법」 제14조 (원산지 증빙서류의 수정 통보)	FTA 특례법 시행규칙 제19조 (수출물품의 원산지오류 수정 통보 기간 등)
① 수출자 또는 생산자가 체약 상대국의 협정관세를 적용받을 목적으로 원산지 증빙서류를 작성·제출한 후 해당 물품의 원산지에 관한 내용에 오류가 있음을 알았을 때에는 협정에서 정하는 바에 따라 기획재정부령으로 정하는 기간 이내에 그 사실을 세관장 및 원산지 증빙서류를 제출받은 체약 상대국의 수입자에게 각각 통보하여야 한다. 이 경우 세관장은 그 사실을 관세청장이 정하는 바에 따라 체약 상대국의 관세 당국에 통보하여야 한다. ② 수입자는 체약 상대국의 물품에 대한 원산지 증빙서류를 작성한 자나 해당 물품에 대한 수입신고를 수리한 세관장으로부터 원산지 증빙서류의 내용에 오류가 있음을 통보받은 경우로서 그 오류로 인하여 납세신고한 세액 또는 신고 납부한 세액에 과부족(過不足)이 있을 때에는 기획재정부령으로 정하는 기간 이내에 세액정정·세액보정 신청, 수정신고 또는 경정 청구를 하여야 한다. 이 경우 세액 정정, 세액 보정, 수정 신고 또는 경정에 관하여는 「관세법」 제38조, 제38조의 2 및 제38조의 3을 준용한다.	① 법 제14조 제1항에서 "기획재정부령으로 정하는 기간"이란 원산지 증빙서류를 작성한 수출자 또는 생산자가 해당 물품의 원산지에 관한 내용에 오류가 있음을 안 날부터 30일을 말한다.

5) 재수출 감면 양도 금지 규정 위반자 중 감면 가능자에게 양도

「FTA 특례법」 제30조 제3항에서 준용하는 「관세법」 제97조 제2항을 위반해 해당 물품을 직접 수입하면 직접 감면을 받을 수 있는 자(양수인)에게 양도한 자는 500만 원 이하의 과태료가 부과됩니다.

- 1차 위반: 100만 원
- 2차 위반: 200만 원
- 3차 위반: 300만 원
- 4차 이상 위반: 500만 원

「FTA 특례법」 제30조 (일시 수입물품 등에 대한 관세의 면제)	「관세법」 제97조 (재수출면세)
① 체약 상대국에서 수입되는 것으로서 다음 각 호의 어느 하나에 해당하는 물품은 협정에서 정하는 범위에서 그 원산지에 관계없이 관세를 면제할 수 있다. 1. 수입신고의 수리일부터 2년의 범위에서 대통령령으로 정하는 기간 이내에 다시 수출하기 위하여 일시적으로 수입하는 물품으로서 협정에서 정하는 바에 따라 기획재정부령으로 정하는 물품 2. 수리 또는 개조 등을 할 목적으로 체약 상대국으로 수출하였다가 다시 수입하는 물품으로서 기획재정부령으로 정하는 물품 3. 일정 금액 이하의 상용견품(商用見品)·광고용품 등 기획재정부령으로 정하는 물품 ② 제1항 제2호에도 불구하고 다음 각 호의 어느 하나에 해당하는 경우에는 관세를 면제하지 아니한다. 1. 「관세법」 또는 「수출용 원재료에 대한 관세 등 환급에 관한 특례법」에 따른 환급을 받은 경우 2. 보세가공물품 또는 장치기간(藏置期間) 경과물품을 재수출 조건으로 매각함에 따라 관세가 부과되지 아니한 경우 ③ 제1항 제1호에 따라 관세를 면제받은 물품에 대한 용도 외 사용의 제한 등에 관하여는 「관세법」 제97조 제2항부터 제4항까지의 규정을 준용한다.	① 수입신고 수리일부터 다음 각 호의 어느 하나의 기간에 다시 수출하는 물품에 대하여는 그 관세를 면제할 수 있다. 1. 기획재정부령으로 정하는 물품: 1년의 범위에서 대통령령으로 정하는 기준에 따라 세관장이 정하는 기간. 다만, 세관장은 부득이한 사유가 있다고 인정될 때에는 1년의 범위에서 그 기간을 연장할 수 있다. 2. 1년을 초과하여 수출하여야 할 부득이한 사유가 있는 물품으로서 기획재정부령으로 정하는 물품: 세관장이 정하는 기간 ② 제1항에 따라 관세를 면제받은 물품은 같은 항의 기간에 같은 항에서 정한 용도 외의 다른 용도로 사용되거나 양도될 수 없다. 다만, 대통령령으로 정하는 바에 따라 미리 세관장의 승인을 받았을 때에는 그러하지 아니하다.

3. 원산지 위반 사례

1) 원산지 검증 대상이 되는 CO 기재사항 예시

① 수출자 및 수입자

1. Goods Consigned from(Exporter's business name, address, country)

2. Goods Consigned to(Consignee's name, address, country)

가. 기재사항

송하인(수출자) 및 수입자의 이름, 주소, 국가 등 관련 정보

나. 유의사항

인보이스 등 선적 서류와 대소문자, 도로명/지번 주소, 국가

명 등이 일치해야 합니다.

잘못된 예시)

INV(인보이스): ABC Company, Namyangju-si, Paryasandan-ro,
Republic of Korea

CO(원산지 증명서): ABC Company, NAMYANGJU-SI, PALARI, KOREA

② 화인(Shipping Mark)

5. Item number	6. Marks and numbers on packages	7. Number and type of packages, description of goods(including quantity where appropriate and HS number of the importing country)	8. Origin Criterion (See Notes overleaf)	9. Gross weight or other quantity and Value (FOB only when RVC criterion is used)	10. Number and date of Invoices
↵	↵	↵	↵	↵	↵

가. 기재사항

물품에 대한 표시와 일련번호를 적습니다. 실제로는 공란으
로 두거나 NO MARK로 적는 경우가 많습니다.

나. 유의사항

패킹리스트 상의 명세와 다르게 기재되어 특혜관세가 배제
되는 경우가 가끔 있습니다.

잘못된 예시)

PAC(패킹리스트): 3 PALLETS

CO(원산지 증명서): 3 PLS

③ 품명, 수량/중량, 인보이스 넘버 등

5. Item number	6. Marks and numbers on packages	7. Number and type of packages, description of goods(including quantity where appropriate and HS number of the importing country)	8. Origin Criterion (See Notes overleaf)	9. Gross weight or other quantity and Value (FOB only when RVC criterion is used)	10. Number and date of Invoices
↵	↵	↵	↵	↵	↵

가. 제7란

송품장에 적힌 품명과 일치시키면 됩니다.

나. 제9란

보통 P/L 상의 총중량이나 수량 단위를 적습니다.

다. 제10란

송품장의 일련번호, 발급일자와 반드시 일치하여야 수입통관 시 협정관세 적용이 가능합니다.

2) 검증 사례

이번에는 여러 가지 원산지 위반 사례들을 살펴보도록 하겠습니다.

① 비인증 품목 원산지 신고서 발행(EU)

스페인 관세 당국이 무작위로 선정한 건에 대하여 원산지 신고서 진위 여부에 대한 검증을 요청한 사례입니다. 수출자는 품목별 인증 수출자로 검증 대상 총 28개 품목 중 14개 품목은 비인증 품목이었습니다. 별도 구분 없이 원산지를 발행하면 부적정한 원산지 증명서 발급에 해당합니다.

② 독일 인증 수출자 지위 확인 사례(EU)

인증 수출자가 아닌 한국 수출자가 인증번호 대신 사업자 등록번호를 기재하여 원산지 신고서를 발행한 사례입니다. 원산지 신고서에 인증 수출자 번호가 아닌 다른 번호를 기재하면 체약 상대국에서 바로 알 수 있기 때문에 원산지 검증 요청을 받을 수 있습니다. 설사 원산지 결정 기준을 모두 충족한 품목이더라도 적법한 인증 수출자 자격을 갖추고 원산지 신고서를 발행해야 합니다.

③ 상대국의 법정 기한 내 검증 결과 미회신(인도네시아)

인도네시아에서 수입된 목재의 원산지 증명서의 발급번호가 중복되는 등 위조의 혐의가 제기되어 인도네시아 검증 당국에 원산지 증명서의 진위 확인을 요청하였습니다. 하지만 인도네시아 측은 협정에서 정한 법정 기한(6개월) 내에 아무런 이유 없이 검증 결과를 회신해 주지 않았습니다.

검증 요청 미회신은 명백히 수출국의 업무 태만이고, 협정 위반에 해당하는데요. 간접 검증 제도하에서 검증 요청 미회신은 가장 빈번히 발생하고 있습니다. 이로 인해 국내 수입자는 8%의 관세를 소급해서 납부해야 하는 등 예측하지 못한 피해가 발생했습니다.

※ 추징 시 가산세는? (서울본부세관 FTA 가산세 쟁송사례집)

위의 사례에서 수입자는 다소 억울하게 8%의 관세를 추징당했는데요. 원칙적으로 협정관세를 배제하고 그 차액을 추징할 때는 행정적 제재로 '가산세'도 함께 부과합니다. 다만, 협정관세를 추징하는 경우, 수입자에게 정당한 사유가 있으면 가산세의 전부 또는 일부를 면제받을 수 있습니다. 위의 경우 "관세청장 또는 세관장이 체약 상대국의 관세 당국에 원산지 확인을 요구한 사항에 대하여 기획재정부령으로 정한 기간 이내에 그 결과를 회신하지 않은 경우"에 해당하여 8%

관세 차액만 납부하고 가산세는 면제받을 수 있습니다.

④ 인증 수출자 미갱신(EU)

한국 수출자가 EU로 청소기를 수출하면서 RANDOM CHECK에 적발된 사례입니다. 한국 수출자는 인증 수출자 기한이 만료되었음에도 불구하고 이전 인증번호를 사용해 원산지 신고서를 발급했는데요, EU로 수출 시 발생하는 케이스로 인증 수출자 유효 기간을 꼭 확인해야 합니다.

⑤ 해외 수출자 폐업에 따른 원산지 검증 불능(아세안)

필리핀에서 수입된 조약돌에 대해 필리핀 세관에 원산지 검증을 요청하였으나, 현지 수출자가 사업장을 폐쇄하고 사라져 더 이상 원산지 확인을 할 수 없게 되었습니다. 이에 따라 필리핀 세관 측에서는 우리나라 세관에 특혜관세의 취소를 요청하였습니다. 필리핀에서 조약돌을 수입한 국내 수입자들은 특혜관세의 적용을 취소당하고, 3%의 관세를 전액 소급해서 납부했습니다.

⑥ 제3국 송품장 검증 사례(베트남)

제3국 발행 송품장 관련 정보가 누락된 것을 베트남 관세 당국에서 확인하고 검증을 요청했습니다. 검증대상 물품의

송품장은 제3국에서 발급되어 원산지 증명서 13번란에 비당
사국 송장임을 명시하고 송장 발급 회사명과 국가정보가 기
재되어야 합니다. 하지만 수출자의 실수로 이를 누락했습니
다. 결국 해당 원산지 증명서를 수정 재발급하여 베트남 관세
당국에 송부한 사례입니다.

🔍 **꿀TIP**　　제3국 송장(INVOICE)

....

제3국 송장은 FTA 협정 당사국이 아닌 제3국에 소재하는 기업이 발행한 송장
(인보이스)입니다. 한-칠레, 한-아세안, 한-인도, 한-중국, 한-베트남 FTA 협정
에는 원산지 증명서에 제3자 정보를 기재해야만 FTA 특혜 적용이 가능합니다.

한-칠레	C/O 제9란(Remarks)에 제3국 송장 작성자 이름, 회사명, 주소 기재
한-아세안	C/O 제13란(Third Country Invoicing)에 '··√' 표시하고, 제7란에 송장 발행한 회사의 상호 및 국가명 기재
한-인도	C/O 제14란(Third country Invoicing)에 '√' 표시하고, 송장 발행한 회사의 상호, 주소 및 국가명 기재
한-중국	C/O 제5란(Remarks)에 비당사국 송장 발행 운영인의 법적 이름 기재
한-베트남	C/O 제13란(Remarks)에 'Non-Party Invoicing'이라고 적고, 송장 발행한 회사의 상호 및 국가명 기재

제3국 송장 원산지 증명서 필수 표기 항목

송품장과 포장 명세서 등 일반적으로 인정되는 상업 서류에 원산지 문구를 기
재해야 원산지 신고서로 인정받는 한-EFTA, 한-EU, 한-튀르키예 협정이 있습
니다. 협정 당사국이 아닌 제3국에서 발행한 송장에 원산지 신고 문언을 기재
하는 경우 유효한 원산지 신고서로 인정받지 못합니다.

....

⑦ 비특혜 원산지 증명서 검증 요청(튀르키예)

서류상 원산지는 한국으로 신고되었으나, 튀르키예 관세 당국의 현품검사 결과 실제 원산지가 중국으로 확인되어 검증을 요청한 사례입니다. 확인 결과 한국 수출자는 중국산 원단을 수출하면서 한국산으로 비특혜 원산지 증명서를 발급한 것으로 밝혀졌고, 이에 따라 원산지 세탁 또는 위조 원산지 증명서 등으로 분류되어 반덤핑 관세(20%)가 부과되었습니다.

※ 비특혜 원산지 증명서 검증

FTA 특혜 원산지 증명서만 검증 대상이 되는 것은 아닙니다. 비특혜 원산지 증명서에 대한 검증은 부당하게 제재를 회피한 것이 아닌지 확인하는 과정입니다. 위 ⑦은 덤핑 방지 관세 회피를 목적으로 원산지를 위조한 사례에 해당합니다.

⑧ 원산지 신고 문구에 불필요한 인증 수출자 번호를 기재한 경우(튀르키예)

한국 수출자는 원산지 신고 문구를 작성하면서 한–EU FTA에 따라 부여받은 인증 수출자 번호를 기재하였으나 한–튀르키예 FTA의 경우 인증 수출자 제도가 없기 때문에 불필요하게 인증 수출자 번호를 기재하는 경우 검증 대상이 될 수 있습니다.

1) 원산지 사전심사 제도란?

원산지 사전심사 제도는 원산지 결정기준의 충족 여부 등에 대하여 의문이 있는 자가 해당 물품의 수입신고 이전에 의문사항을 심사하여 줄 것을 관세청에 신청하면 관세청장이 이를 심사하여 결과를 회신해 주는 제도입니다.

원산지 사전심사 제도를 활용하면 수입하고자 하는 물품이 FTA 특혜세율을 적용받을 수 있는지를 미리 확인할 수 있습니다. 이를 통해, 수입 시 안정적으로 특혜세율을 적용을 받을 수 있으며, 이후 발생할 수 있는 세관의 사후 원산지 검증에 따른 추징 리스크를 완화시킬 수 있습니다.

2) 신청 대상

① 해당 물품 및 물품 생산에 사용된 재료의 원산지에 관한 사항
② 해당 물품 및 물품 생산에 사용된 재료의 품목분류·가격 또는 원가 결정에 관한 사항
③ 생산·가공 또는 제조 과정에서 발생한 부가가치의 산정에 관한 사항
④ 해당 물품에 대한 관세의 환급·감면에 관한 사항
⑤ 원산지 표시에 관한 사항
⑥ 수량별 차등 협정 관세의 적용에 관한 사항

3) 심사 기간

신청을 받은 날로부터 90일 이내(서류 보완 요구로 인한 보정 기간은 산입하지 않음)에 신청 내용에 대한 검토를 완료하여 신청인에게 통지합니다.

4) 효력

사전심사서를 수입신고 수리 전까지 세관장에게 제출하면 협정관세를 적용받을 수 있으며, 사전심사서의 유효 기간은 정해져 있지 않습니다. 세관장은 사전심사서와 동일한 경우 사전심사서의 반복 사용 여부를 불문하고 사전심사서를 인정할 수 있습니다(특별한 사유가 있는 경우 제외).

4. 원산지 검증 권리 구제

1) 사전 구제제도

① 이의 제기

원산지 조사 결과 통지에 이의가 있는 경우 결과를 통지받는 날로부터 30일 이내에 관할 세관으로 이의 제기를 할 수 있습니다. 관세 당국은 이의를 제기받은 경우 이를 심사해서 이의 제기를 받은 날로부터 30일 이내에 그 결정 내용을 신청인에게 통지합니다.

② 과세전 적부심사

세관장은 부족한 금액을 징수하고자 하는 때에는 미리 납세의무자에게 그 내용을 서면으로 통지하여야 합니다. FTA 협정과 관련해 추징세액이 발생하여 납세 의무자(수입자)가 과세 전 통지를 받은 경우, 그 통지를 받은 날부터 30일 이내에 관세 당국에게 이러한 과세가 적합한 것인지 심사해 줄 것을 청구할 수 있습니다. 청구를 받은 관세 당국은 청구를 받은 날부터 30일 이내에 결정하고, 그 결과를 통지인에게 통지하여야 합니다.

2) 사후 구제제도(행정심판 및 소송)

현행 관세법상 위법한 관세 처분에 대하여 관세법상의 심사청구, 심판청구와 그에 대한 결정, 「감사원법」에 의한 심사청구와 그에 대한 결정을 거쳐야 행정소송이 가능합니다.

source
출처

참고 사이트

- 관세청 FTA 포털: https://www.customs.go.kr/ftaportalkor

- 산업통상자원부: https://www.fta.go.kr/main/

- 통합지원센터: https://okfta.kita.net/main

- FTA 통합 플랫폼: https://fta.kita.net/main

- 세계무역기구: https://www.wto.org/

- 관세청원산지관리시스템: https://ftapass.or.kr

- 관세인재개발원: https://cti.customs.go.kr

- 한국무역협회: https://www.kita.net

- 한국무역보험공사: https://www.ksure.or.kr

참고 법령문 및 협정

- 자유무역협정의 이행을 위한 관세법의 특례에 관한 법률

  (시행령, 시행규칙, 고시 포함)

- 자유무역협정 원산지 인증 수출자 운영에 관한 고시

- 원산지 제도 운영에 관한 고시

– 수출물품 원산지 증명 발급 규정

– FTA 협정문 일체

참고 책자

– 서울본부세관, 알아두면 쓸모있는 FTA

– 울산세관, 스스로 찾아가는 FTA 단계별 묻고 답하기

– 부산본부세관, 쉽게 따라 하는 원산지 관리 가이드 북

– 부산본부세관, FTA 신청오류 사례집

– 인천본부세관, 세관장이 부과하는 과태료 및 과징금 사전

– 이명구·정재완·정재호, FTA 이해와 활용, 도서출판 청람
  (2021)

– 이영달, FTA 협정 및 법령해설, 세인북스(2019)

– 최규삼, 어려운 FTA 실무는 가라, 생각나눔(2015)

본 책자의 내용은 FTA 전체를 다룬 참조용 자료이기 때문에 법적 효력을 지닌
구체적인 답변을 위해서는 베스트 관세법인으로 개별 문의해 주시기 바랍니다.